ガイダンスカウンセリング

監修　國分 康孝　國分 久子／著　片野 智治

図書文化

監修者のことば

治すスクールカウンセリングから育てるガイダンスカウンセリングへ

國分康孝（PhD）（ガイダンスカウンセラー）
國分久子（M.A.）（ガイダンスカウンセラー）

平成二十三（二〇一一）年、日本のスクールカウンセリングは歴史的な転換期を迎えた。臨床心理士主流のスクールカウンセリング事業に、ガイダンスカウンセラーが登場し始めたのである。ガイダンスカウンセリングとは、アメリカのスクールカウンセリングの主流をなしている「育てるカウンセリング」のことである。すなわち、「治すカウンセリング」から「育てるカウンセリング」へと日本のスクールカウンセリングはその特色を変えようとしている。

著者、跡見学園女子大学教授・片野智治（心理学博士）は日本における「ガイダンスカウンセラー」の元祖のひとりである。

これまでの私どもとの協働を通して吟味した「ガイダンスカウンセリング」の諸概念を用いて前任校武南高校での現場体験を整理・体系化したのが本書である。

本書をたたき台にして、今後、ガイダンスカウンセリングの研究と実践と研修を展開する若き実践者や、研究者や指導者が輩出されることを心より願っているものである。

平成二十四年　秋

まえがき

片野智治

本書の目的についてまず述べます。

1　「ガイダンスカウンセリング」の意義と目的、その実践方法について体験的に示す。

2　國分康孝の「育てるカウンセリング」が、児童生徒とその保護者にとって、いかに必要なものであるかを示す。

3　校務分掌「ガイダンスセンター」の今日的意義を記す。

ガイダンスカウンセリングは、育てるカウンセリングです。学校という場で、児童生徒が発達課題を解決して成長するのを支援するもので、全校の教師・児童生徒を対象とします。問題をかかえた一部の子どもの援助のみに向けて活用するものではありません。相談室や学級ばかりでなく、音楽室や図工室、理科室、体育館や運動場の片隅等でも、日常的に行われる心理教育的な援助です。

相談室（カウンセリングルーム）は、普通の教室とは少し違うけれども、絨毯張りの室内が廊下から「見えて」、昼休みや放課後、子どもたちがカウンセラーまたはスタッフらと語らい、微笑している光景が日常的に見いだせることが望ましいのです。

國分康孝の「育てるカウンセリング」

私は、本書の監修者・カウンセリング・サイコロジスト國分康孝の「育てるカウンセリング」を門前の小僧のように学び続け、実践してきました。

その系譜は、まず『学校カウンセリングの基本問題』（誠信書房、一九八七年）から始まります。師は、「学校カウンセリングの五大原理」を挙げ、「そして最後に、育てるカウンセリングへの志向」（P19）を明確化しています。

平成九（一九九七）年、師は『教師の使える育てるカウンセリング』（金子書房）を発刊しました。まえがきで次のように説いています。

「治療的カウンセリングや心理療法こそが真のカウンセリングであるが如く言う人がいる。そんなことはない。私は教師不在のスクールカウンセリングは学校教育を癒すことはできないと思っている」。すなわち、学級担任や教科担任の役に立つカウンセリングが、育てるカウンセリングであると。

同年『子どもの心を育てるカウンセリング』（学事出版）が相次いで公刊されました。

平成十二（二〇〇〇）年には、中野良顯先生（当時上智大学教授）と共に『これならできる教師の育てるカウンセリング』（東京書籍）を出版しました。両先生は教育学出身の心理学者です。まえがきに「カウンセリングを治療法としてとらえず、教育方法としてとらえている」とあり、「育てるカウンセリング」は教育方法として位置づけられました。

翌年、平成十三（二〇〇一）年『現代カウンセリング事典』（金子書房　P15）では、「育てるカウンセリング」は“counseling and development”と定義されています。

國分康孝「育てるカウンセリング」の発展上の画期的な出来事は、図書文化社から『エンカウンターで学級が変わる』シリーズの発刊（一九九七年）と、翌年からの『学級担任のための育てるカウンセリング全書』（全一〇巻）シリーズの発刊でした。

エンカウンターと育てるカウンセリングは同行二人のように全国に広がりました。

育てるカウンセリングによって今の私は育てられました。

私にとってのカウンセリングは「育てるカウンセリング」です。

「育てる」原理（前提）は三つあります。C・ムスターカスが提唱した①ワンネス、②ウィネス、③アイネスです。SGEを介してこれらを身をもって私に伝授してくださった師が國分久子M.A.です。久子先生はメリルパーマー研究所でC・ムスターカスPhDに師事しました。

「ガイダンスセンター」は育てるカウンセリングの象徴
昭和五十五（一九八〇）年四月、私の前任校（学校法人武南学園武南高等学校、埼玉県蕨市）でカウンセリングルームが開設されました。私たち生徒指導部教育相談係は「教育相談室」「相談室」とはせず、「カウンセリングルーム」という名称を用いることにしました。
チーフであった私の中で「教育相談室」「相談室」は、問題をかかえた一部の生徒とその保護者が利用する場所というイメージが強かったのです。

平成四（一九九二）年、武南高等学校では教育相談部と進路指導部を合併させた「ガイダンスセンター」ができました。

両者が一緒になって「育てるカウンセリング」を展開することになりました。

カウンセリングルームはガイダンスルームに名称を変えました。専任教員二〇余名がこれに所属する協働・連携・情報提供を通して、生徒ひとりひとりの生きる力と学力向上と進路探索を支えました。

「カウンセラー」は「心理面と進路指導の専門家」として全生徒に紹介され、入学式時には新入生と保護者に高校生活のガイダンスをする役割を担いました。

新入生には入学にそなえて、『出会いのために』という白表紙教材を配布し、自己理解の促進とガイダンスセンターに関する情報提供をしました。

私が、前任校で精力の大半を注ぎこんできた校務分掌「ガイダンスセンター」の名称は、現在、なくなりましたが、ガイダンスセンターに関しては、國分康孝監修、篠塚信・片野智治編著『実践サイコエジュケーション　心を育てる進路学習の実際』（図書文化　一九九九年）に紹介されています。

長いまえがきになりました。

以上の軌跡から、本書でガイダンスカウンセリングについて述べます。

本書の出版にあたり、図書文化社社長・村主典英氏及び出版部、東則孝氏のご理解とご厚情を得ました。ここに謝意を表します。ありがとうございました。

平成二十四年　秋

目次

第一章

今日的な教育課題

現今の日本は「自由と寛容とやさしさ」の社会と言えます。戦後の急速な経済発展と、民主主義の確立、そして世界でも有数な少子核家族化・高齢化がその背景にあります。

これらは学校教育の根源的な問題と絡み合っている主要な今日的な教育課題と考えます。

今日の学校が、かかえているさまざまな問題から、以下、三つの教育課題についてガイダンスカウンセリングという実践的見地から指摘します。

⑴繋合希求欲求を阻まれる子どもたち

⑵キャラ化と防衛

⑶自己愛のゆがみ・自己の肥大化

(1) 繋合希求欲求を阻まれる子どもたち

現今の学校では、繋合希求欲求（他者とつながっていたいという欲求）が阻まれる危機的な現象があちこちで起きているといいます。

「小グループの中で、子どもたちは『空気を読む（ＫＹ）』ことに汲々としています。さらに『いじり』が起こり、突然わけもわからずに排斥されるのです。

〃教室は　たとえて言えば　地雷原〃

人間関係の息苦しさは、中学生が、創作したこの川柳に巧みに表現されています。しかし、彼らは、その人間関係から撤退する選択肢をもちあわせていない」と土井隆義は、指摘しています。

過剰に気を遣いあう優しい関係

仲良しと思っていた友だちに陰口を言われることはざらです。

グループの中で話を盛り上げられないと、いつも一緒のグループにいづらくなります。

仲間はずれになるわけです。

自分が落ち込んでいるときでも、話を盛り上げなければなりません。

友だちと会い、グループで話すときはテンションを上げてかからなければなりません。

以前報道された多くのいじめ問題は心理的・身体的な攻撃を継続的に加えられた事例でした。

現今では一定の人間関係のある者からいじりやいじめを受けるのです。これらは互いの対立が表面化しないように「過剰に気を遣いあう優しい関係」の営みの中で起きているのです。


『児童心理』（金子書房二〇一一年二月号、No.926）で「つながる力を育てる」を特集しています。その中に「友だちと遊ぼうとしない」「無視したり、知らん顔したりする」「困ったときに助けを求められない」「ケンカの後、仲直りしようとしない」といったタイトルの論考が掲載されています。

「無縁」社会の到来

多くの子どもたちはいじり・いじられる経験及びいじめ・いじめられる経験という両方の経験を合わせ持っているのです。当の本人は戸惑いから困惑へ、混乱と言いようのない後悔、怒りを体験します。

そしてやがて怖しい孤立感にとりつかれるのです。

この過程で携帯電話はいっそう機能的になります。排斥する（いじり）ために、その対象を「圏外」に追いやればよいわけです。

多くの生徒や学生は携帯電話を毎日、朝起きてから夜寝るまで肌身離さず、ずっと持ち歩いているといいます。

ある生徒は中学二年生になったときに、クラスの大半が持っていると言って、親にせがんで買ってもらい、高校生になってからは、風呂場にまで持ち込んで、友だちと話していたといいます。携帯電話を忘れてしまった日、一日じゅう不安でいっぱいだったという学生もいます。

会話中に相手が携帯電話を見ていて、自分の話を聞いてくれているのか不安になったという人もいます。

「即レス」（即座に返事をかえすこと）しなかったことが原因で、相手が怒ってしまったというケースもあります。友だち数人が集まって昼食をしているときに、各自が携帯電話をいじりだして、全員が無言になることもしばしばあるのです。携帯電話を持ちはじめたら二十四時間振り回されてしまっている生徒や学生が多いのです。真夜中の電話でも、どんなに眠くても出なければならないという気持ちになる人もいます。

今や高校生の携帯電話所持率は九五%、中学生は五〇%、小学生は三〇%以上になっています。性別では、学校段階にかかわらず、女子の所持率が男子を上回っています。

現今では、人の繋合希求欲求は携帯電話によって、不安となかば強迫的な心情によって満たされている側面もあるといえます。

今や多くの子どもにとって、携帯電話は繋合希求欲求を充足するための必需品になっています。繋合希求欲求は人間の根源的な存在様式にかかわるもので、この充足が危機にさらされているのです。

大人社会では「無縁」社会の到来や、「孤族」の時代のはじまりがいわれるようになりました。これは人と人とのつながりが失われる、つまり「お互い様です」「お陰さんです」という挨拶や会話が失われてゆくということではないでしょうか。

フランスのモーリス・メルロ＝ポンティ（Maurice Merleau-Ponty 一九〇八〜一九六一）は「人間存在の根源的両義性」として、繋合希求欲求（他者とつながっていたい、親しい関係をつくりたい）と自己充実欲求をあげています。

人という存在はもともとつながりを求め生きると同時に、他方で自分自身を生きることをするという意味です。両義性（a double meaning）は一つの言葉が二つの意味をもつ性質のことです。例をあげれば、生きながらかつ避けがたい死に向かうので、「メメント・モリ（死を忘れるな）」ということです。これはアンビバレンス（ambivalence 両価性）といって、他者を愛しく思いながらある時ある場面で憎しみを覚えるといったものと似ています。

メルロ＝ポンティはサルトル（仏）らと親交があり、一九四五年彼とともに雑誌『現代』を主宰し、現象学の観点から実存主義の運動を理論的に指導した研究者です。

メルロ＝ポンティは「知覚の現象学」（一九四五年）で学位を取得しました。四九歳パリ大学で教育学と心理学の教授となり、五二歳という若さでコレージュ・ド・フランスの教授になりました。彼の功績は実存的な現象学を主張したことです。

現象学とはどのような哲学なのでしょうか。

例えば、私は草木の花をよく写真撮影します。その際にアングルやフレームを変えて撮ります。マクロレンズを装着して超拡大して撮影するときもあります。このようにすると同一の花でも見え方が変わり、それにつれて私の気持ちも変化します。「見え方」が私の中に起きたフィーリングにフィットしたときに、シャッターを押します。「あぁ、いいなぁ」とファインダーの中の草木に惹きつけられて、私の気持ちは花の中に入り込んでいっているのです。これは驚きや発見にともなうときめきに似ています。「客観的な視点で見る草木」と、カメラを通して「私の心が見ている草木」は違うということです。すなわち私たちは二重の視点（観点）をもって、この世界のものごとを認識しているということです。

現象学では後者のような認識の仕方（主観的な視線）を重要視しています。この視線変更（認識の仕方の変更）は意図的に判断停止し（エポケー）、認識の仕方を変更することで可能になります（現象学的還元）。

カウンセラーは意図的にクライエントの内的世界に潜入（クライエントの目で理解すること）します。それはワンネスというリレーションを形成するためです。クライエントを客観的な視点で見ることとは異なります。

(2) キャラ化と防衛

キャラを装い、素顔に仮面をつけて、一定の優しい人間関係を汲々として保ちながら失愛と自己喪失に慄《おのの》いている子どもたちが多くいるということです。

あるがままの自分、ほんとうの自分を意識し、心理的不健康状態に陥っている子どもたちがいるのです。

仮面をつけた子どもたち

過剰に気を遣いあう優しい関係を営み続けるための便法として、子どもたちが「キャラ化」しているという現象を土井隆義は指摘しています。

気遣いに満ちた優しい人間関係のなかで、子どもたちは圏外化（はじき出されること）に怯《おび》え、恐怖感や強迫感に駆られながらケータイやネットを駆使して、優しい人間関係を維持しようとします。学校と家庭との往復といった日常生活はこの過剰な優しい人間関係に依存し、優しい人間関係を維持するために必要悪的ないじり（排除）に依存しているといえます。

このような心理的状況の中で、子どもたちは「キャラ」という仮面（ペルソナ）をつけるのです。キャラ化することで、子どもたちは繋合希求欲求を満たしているといえます。彼らが維持しようと汲々としている優しい人間関係はキャラ化した子ども、言い換えれば仮面をつけた子どもたちの安全・前進基地（base camp）にもなっているわけです。

小説『桐島、部活やめるってよ』の著者、現役早大生の朝井リョウ氏は「子どもにとって、『素』のままで過ごすことがラクだとは思えません。素を出していって、それが嫌われてしまったら他にすべがないじゃないですか。キャラをつくっていけば、たとえそれが否定されても、『もうひとつある』と思えるからラクなのです。」

（朝日新聞　二〇一一年一月二十九日付「いま子どもたちは―よそおう　No. 29」）

生徒や学生は、キャラについてこのように語っていました。

「みんなのお姉さんキャラなら、どこでも、どのような場面でもしっかりしていないといけなくなります。癒し系の天然キャラなら、少しヌケているように振る舞い続けなければならなくなります」。「嫌われたくない、友人を傷つけたくない、その場の空気をこわしたくないと、考えてしまいます。そしてそれを超自然に（天然に）振る舞うのです。自分の居場所を失くしたら、死んでしまうのではないかといった被害妄想的な感じになるときもあります。キャラを演じ疲れるという気持ちがすごくよくわかります」。

次の例は痛々しく、やるせないです。「小学校のときに、いじめが原因で、キャラをつくる必要にせまられました。しかし、自分を押し殺して周囲に合わせて生活していくのはかなりのストレスになりました。その結果、小学校六年生後半から中学三年生までの間、保健室登校というかたちの長い休憩をとりました。今でも自分の感情をあらわすのが苦手であり、薬物治療をつづけています。このことから、キャラを演じることはその場しのぎにはなりますが、疲れたときに休むことを知らないと、頑張れなくなったときの代償は大きいです」。

この学生は現時点でつぎのように記述しています。「私は私が好きです。なぜならば自己主張できるようになってきたからです」「私は私が好きです。なぜならば私は私だからです」。

ふたりの自分の間に葛藤

キャラ化が一定の優しい人間関係の中で自分の位置を保ち維持するための防衛手段だとすれば、かなりのストレス源（学校ストレッサー）であると推測されます。

自己疎外感（sense of self-alienation）を誘発し、それを意識するようになるからです。関係の中ではホンネの自分でいられなくなるので、ここではふたりの自分の間に葛藤が生じ、これがストレス源になるのです。

小学生の場合、友人関係がストレッサーとなると、ストレス反応は不機嫌・怒り、抑うつ・不安、無力感、引き籠り、身体症状となってあらわれるという研究結果があります。中学生の場合、ストレス反応は抑うつ・不安となってあらわれるという結果です。

(3) 自己愛のゆがみ・自己の肥大化

自己対象（自分とうりふたつの相手）としての他者ではなく、ふれあっているほんとうの（かけがえのない）他者の発見を促す効率的かつ効果的な指導は何か。

快楽原則優位の思考・感情・行動、すなわち超自我の脆弱化を阻止し、超自我育成を図るにはどうしたらよいのか。

國分康孝・國分久子らは、自主シンポジウムを連続して日本カウンセリング学会において行いました。

●カウンセリングは現代社会を救えるか。（二〇〇五年）
現代社会に貢献できるカウンセリングは予防・開発的なプログラム志向のカウンセリングであることを問う。

●超自我なき現代社会にカウンセリングは何をなしうるか。（二〇〇六年）
エス（快楽原則）をコントロールするエゴ機能の検閲機関としての超自我（スーパーエゴ）の育成問題が、これからのカウンセリング心理学の課題であることを提示。


超自我は精神分析理論の学術用語で、禁止命令や良心のことです。

たとえば、人を殺傷してはならない、他人の持ち物を盗んではならないというようなものです。これは幼少期に親・教師といった重要な他者の教えが源になっているものです。

筆者は、提示された課題に応えるべく自主シンポジウムを第7回日本教育カウンセリング学会で企画しました。

●健全な自己愛育成と現実原則の内在化—教育指導法SGEの機能—（二〇〇九年）

健全な自己愛育成や現実原則の内在化に向けて、心理教育指導法SGE（構成的グループエンカウンター）がいかに貢献しうるかについて討議しました。自由と寛容とやさしさ、そして豊かさや便利さのある今の社会に、そして学校社会に何か肝心なものが欠けつつあると感じていたのです。それは超自我であり、ふれあいではないかと問題提起をしました。

精神科医岡田尊司はこの社会は、「自己愛の充足に最大の価値をおく社会、自己愛型社会」であると指摘しています。

彼は自己愛型社会とは自分の欲望と快楽こそが、最大にして唯一のモチベーションである社会であると定義しています。つまりエス志向の社会ということになります。

親殺し、子殺し、配偶者や恋人に向けた虐待、多種多様な迷惑行動、些細なことでムカつき、キレるという現象があります。小さなことで傷つきやすく、些細な傷つきさえ耐え難いほどの苦痛に思えてしまうのです。場の空気を読めない級友の排斥に絡むいじめの蔓延化、自分が大切すぎるがゆえに、自分や他人を傷つけ排斥してしまうことが日常的に起きているのです。精神分析理論によれば、自己愛（ナーシシズム narcissism）の元は自己保存本能にあります。

米国の精神分析学者コフート Kohut, Heinz（一九一三〜一九八一年）はS・フロイトの自己愛理論を展開して、自己愛人格障害の病理を明らかにしました。

彼が提唱した概念のひとつに「誇大自己」があります。これは万能感と自己顕示性をいいます。万能感はパワーの元で、失敗や挫折、断念といった体験をへて、現実と折り合いをつけられるものになるのです。問題なのは現実感の乏しい万能感です。つまり幼児的な万能感です。他方の自己顕示性の根底には、自分は唯一無二の特別な存在であって、特別に扱われたいという思いがあります。ここには過剰な賞賛によってしか守られない、傷つきやすさや空虚感が存在するといわれます。

コフートのキー概念のもうひとつが「自己対象」です。

ギリシア神話に登場するナルキッソス自身には水面の姿と自分との識別はなく、自分自身に恋をしているという実感はありません。つまり自己陶酔状態にあったのです。また水面に映っている姿は陶酔という状態でナルキッソス自身の自己愛を映し出し、自己愛を慰める作用をしているのです。本人の自己愛を映し出し、自己愛を慰めてくれる存在を自己対象というのです。これは本人にとってかなりの現実感と力をもつといいます。ペットやアイドル、アニメやゲームのキャラクターもその人にとっては自己対象となるのです。自分の思いどおりになり、支配できる存在を「かわいい」と感じ賞賛し溺愛します。

具体例をあげれば、「自分のことに関心を抱いてくれ、目を輝かせてくれる」「自分に元気がないと、すぐ気づいて気遣ってくれる」「自分に何かうれしいことが起きたとき、それを我がことのように喜んでくれる」「まるで双子の片割れのように、自分と同じようだと感じることがある」「自分がする話にはいつもたいてい興味をもって耳を傾けてくれる」。このような相手は自己対象となるのです。一方、自分の意志や感情をもった現実の対象にはむかつき、不満や敵意を抱いたり、傷つけられたりします。

現今の学校教育現場に蔓延している「いじり」や「いじめ」の構造の中には、自己対象体験をいつでも共有できる関係を保つために、いじりやいじめがあると推論します。

以上要約すれば、誇大自己と自己対象の元は自己愛であり、これらは病んでいる自己愛といえるでしょう。自他の識別をせず（できずに）、自己陶酔体験できる対象を多く求めながらつながり、一定の優しい人間関係を保ち維持するために必要な排除（いじり）が行われます。自由と寛容とやさしさの風潮の中で、本来の受容・被受容体験や共感・被共感体験の喪失、子どもの不健全な自己の肥大化を防ぐにはどのような教育指導が有効なのかしっかり検討し探索することが大事です。学校教育現場では準拠集団づくりがいっそう求められています。

準拠集団（reference group）は児童生徒の社会化の過程では必要な集団です。

ちょっとひと息

私は前任校で写真部の顧問をしていました。生徒の学園生活の諸相が主たる被写体でした。また、正月によく東京・国立競技場のフィールドで報道カメラマンと一緒に全国高校サッカー選手権の上位戦を撮影しました。これらの写真をカウンセリングルーム（後のガイダンスルーム）の廊下に張り出しました。

休み時間になると、生徒たちが群がって見にきました。

「先生、この部屋（一教室分、グリーンの絨毯敷きのカウンセリングルーム）、感じいいですね。落ち着けそう。また来るからね」「ここで私たちの話を聞いてくれるのですね」。

「私たちは生徒の一瞬の表情を、動きをとらえた。これらはそれぞれに無機的に存在しているのではない。すべては有機的なつながりの中での瞬間であり、動きである。私たち教師は主に集団を対象にして教育の営みをつづけている。勿論、個の教育がその根底にあるはずだが、はたして私たちの視覚のなかに、この輪郭がどれほどオーバーラップされているだろうか。そして、それらをどれだけ凝視しているだろうか。私たちは一枚一枚の写真を通して、改めて彼らの『実存的瞬間』を凝視することができたという感慨でいっぱいである」。

当時の校長の発案で学内の写真委員会が刊行した『学園の四季』（一九八〇年）あとがきより

第二章

だれもが一時的にかかえる発達上の課題

人間の成長はだれもが人生の途上における発達上の課題をのりこえることで達成される。

ロバート・ハヴィーガーストが発達課題（developmental tasks）という概念を提唱しました。ロバート・ハヴィーガースト（Havighust, R. 一九〇〇〜一九九一年）は、教育心理学や発達心理学を研究した教育学者です。彼の研究の主要なテーマは児童生徒の社会化でした。社会化とは現実原則にしたがいつつ、快楽原則を満たすという意味です。

だれもがかかえる課題の主要なものは何か。勉強（学習）のこと、友だちのこと（人間関係）、キャリア問題です。

本章では、だれもが一時的にかかえる発達上の課題への援助法について述べます。

その援助法はグループを対象にした援助と、個別的援助がミックスされています。ガイダンスカウンセリングは全校の児童生徒のひとりひとりを対象とし、彼らが一時的にかかえる発達課題をクリアできるように、常にその方法や具体策を練りつづけます。練りつづけるときのコンセプトは「シンプル」です。

(1) 勉強（学習）に関する問題

筆者作成の「勉強は仕事か―不器用だがぶれない勉強スタイル―」また、それに似たものとして「学習法セルフモニタリング」を、まず、紹介します。

勉強は仕事か―不器用だがぶれない勉強スタイル―

十五項目構成になっています。

回答は四件法です。（まったくあてはまらない。あまりあてはまらない。ややあてはまる。とてもあてはまる）

①勉強で成績があがるとうれしくなる。
②勉強することで自分の力を伸ばせると思う。
③難しそうな勉強でも自分のためになることはやろうと思っている。
④勉強は自分の仕事だと思う。
⑤付け焼き刃の勉強はしないほうだ。
⑥初歩的なことでも、わからないことは友だちに「教えて」ときく。
⑦勉強でも友だちと助け合うことがある。
⑧家で勉強すること（内容）を自分で決めている。
⑨テスト前の準備は計画的にやっている。
⑩解けなかった問題をもう一度やってみようとする。
⑪授業で理解できないことがあると、それが気になる。
⑫勉強に必要な文具はいつもそろえて持っている。
⑬勉強の仕方（例　ノートの取り方）について友だちと話す。
⑭学習内容の重要事項について友だちと確認することがある。
⑮欠席した日の授業内容を、友だちからノートを見せてもらって写す。

回答後、次の問いに自由記述します。

・あなたのスタイルの特徴について

・あなたのスタイルの強みについて

これらの項目をとおして、筆者は、以下に示すような側面から児童生徒理解をするようにお勧めします。

①自己効力感（結果予期や効力予期に関するもので、自分自身への期待や信頼）

②勤勉さ（陰日向なく取り組む、励むという態度）

③自我関与（他人に言われて勉強するという姿勢ではなく、自らの意志でする。積極性や主体性に関わるもの）

④助け合い（相互扶助的な態度や関係）

○指導上の留意点は、自己効力感と自我関与にあります。

学習法セルフモニタリング

三十九項目構成で自覚性、自立性、持続性、心理的安定性、入念性（ねんいり）の五側面をみるものです。以下に例示します。

自覚性‥「ウィークデーにやり残した分は日曜日に補うようにしている」

「勉強の仕方を工夫・改善している」

「勉強しているわりにはその成果があがっていない（逆転）」

自立性‥「試験になると友だちからノートを借りることが多い（逆転）」

「宿題などは友だちのものを写して出してしまう（逆転）」

持続性‥「試験のでき具合は運であると思う（逆転）」

「ごく短時間しか勉強に集中できない（逆転）」

心理的安定性‥「教科の先生とあまりつながりがない（逆転）」

「勉強について話し合える人が欲しい」

入念性‥「ノートに図解・図示することが多い」

「板書事項をノートに写しているだけである（逆転）」

「あなたの仕事は勉強することよ」と、小学校時代によく親から言われたという体験を多くの人が持っています。私自身もこのように教わりました。

いろいろな統計を見ると、家庭学習時間の平均は少なくなっています。家庭学習は宿題ばかりではなくて、自分で学習する内容を決めて、それを習慣化するところに意味があります。

このようにすることで、学校と家庭における学習習慣や勉学態度が培われます。

次に、私は以下を提案します。授業開き（オリエンテーション）に、まず、各教師が「一問一答の自己紹介」をして、その後で学習法に関するガイダンスをするというものです。ねらいは児童生徒と教師とのリレーションをつくるためです。教師の自己開示が子どもたちのこころの扉を開かせることになります。また自己開示の返報性というものがあって、子どもの方からも自己開示があります。

担当教師の「一問一答の自己紹介」

①このクラスの授業を一年間担当する○○です。（板書）

私について、みなさんに知ってほしいので、「一問一答の自己紹介」をします。（板書）

何でもよいですからひとり一問の質問をしてください。私はみなさんの質問に誠実に答えます。ただ、答えられない、答えたくない、答えると支障がある場合にはパスしたいです。

↓

②自己紹介が終わったところで、「それでは、みなさんひとりひとりと握手をします」と言ってお互い目を見あって握手します。アイコンタクトとスキンシップと「よろしくね」と好意の問いかけをすることになります。

↓

③次に、担当教師は授業の進め方やルールに関して箇にして要を得た説明をします。くどい説明は禁物です。説明後、前後左右、基本形二人から四人一組にします。「感じたこと気づいたことを自由に話してください。時間は五分です」と教示します。話し合った内容をグループごとに発表してもらいます。

↓

④次の時間では、この授業の勉強の仕方やノートの取り方等に関してガイダンスします。

「勉強は仕事か—不器用だがぶれない勉強スタイル—」の実施や、ノートの取り方を教示します。ノートの取り方を指導するときの要領は模倣学習と工夫です。すなわち級友間の模倣学習を勧めて、ひとりひとりの工夫を促します。ノートの取り方には子どもの特性が現れますので、押しつけるようなことは逆効果になります。工夫の部分にその子の特性が見出されます。

児童生徒が学業に適応するためには、ストレス対処法と学習動機づけ、および目標管理力を身につける必要があります。これらも含めて、教科担任や学級担任は援助する必要があります。

次に、授業に対する私の姿勢または考え方、「授業二人三脚」を以下に示します。

授業二人三脚

授業に対する私の姿勢は「授業二人三脚」です。

私は教師と生徒（または学生）が共に「授業マナー」を心得た授業環境（学習環境）を大事にしたい、一方、私は自分の授業を自分で楽しみたいと考えています。同時に生徒にも楽しんでほしいと思っています。

そこで、授業をよりよいものにするために、次の項目に気軽に答えてください。

授業をよりよいものにするために

答えを4、3、2、1からひとつ選んでください。回答によい悪いはありません。

4：よくあてはまると思う　3：少しあてはまると思う

2：あまりあてはまらないと思う　1：まったくあてはまらないと思う

①授業のねらいが毎時間はっきりしている

②授業の全体像が毎時間はっきりしている

③生徒（または学生）の目線をとらえながら話している

④生徒同士が感じたこと、気づいたことを共有しあう機会を設けている

⑤学習項目間のつながりを明確にしている

⑥具体例を出すことで、理解しやすくしている

⑦自己開示的な教示をすることで、内容を親しみやすくしている

⑧生徒が要点をつかみやすいような説明・話し方をする

⑨課題（または試験）の準備をしやすくしている

⑩順々と筋道を立てて説明・話している

⑪先生の挿話（授業の間にさしはさまれた短い話、エピソード）から、勇気づけられる（または気持ちが楽になる）
⑫気さくな先生（さっぱりしていてこだわりがない）といった感じがする
⑬開放的な先生といった感じがする
⑭誠実な先生といった感じがする
⑮親しみやすい先生といった感じがする
☆15の質問に回答して、感じたこと気づいたことを自由記述します。

私は「授業二人三脚」をとおして、どのような児童生徒でも「勉強のこと」でかかえる問題について、少しでも解決できる援助（予防的・開発的援助と問題解決的援助）をしたいと考えています。すなわち、以下のような点に留意しながら授業を展開します。

●学習者と授業者とのリレーションづくりを常にこころがける。
互いの心理的距離が狭くなれば感情交流ができる。
●学習者同士のリレーションをつくる。

●毎時間、学習のねらい（学ぶ理由）、大項目間の関連を明示し、常に全体像を意識させる。関連性と意味づけをして覚えやすくする。
●課題や試験の準備をするときの留意点を教える。
●自己開示的なちょっとした挿話を適宜挿入する。

(2) キャリア問題

すべての児童生徒が遭遇する問題の二つ目は進路問題です。これまで学校教育では進路指導と呼んできましたが「キャリア教育」という名称に変わりました。

ほとんどの学校では、まだ、「進路指導室」「進学相談室」「就職相談室（就職課）」です。

多くの大学では、入学直後からキャリアガイダンスが行われています。

高校全入時代をへて、大学進学をする生徒は五〇％をこえてきました。

高校では、希望の大学へ進学するに足る学力をつけるために、以前よりもいっそう受験指導（受験勉強）が強化され、進学実績を競うようになりました。少子化のこの時代に、進学実績が中学三年生を集めるための吸引力になります。

一方でフリーターやニートが増加しています。またここ数年の大卒者の就職が困難で、地方自治体の関連行政機関を悩ませています。同時に初職者の離転職率が問題視されています。

このような社会的背景の中で、日本の進路指導はキャリア教育へ転換し、キャリア能力を育成することを主眼に置くようになりました。

キャリア能力とは何か

職業的発達課題（キャリア発達課題）の達成のために必要なものです。

4つの能力領域に、それぞれ2つの能力「4領域8能力」を基盤にキャリア教育を通して育成されます。

①人間関係形成能力領域	他者理解能力	コミュニケーション能力
②情報活用能力領域	情報収集能力	活用能力
③将来設計能力領域	役割把握・認識能力	計画実行能力
④意思決定能力領域	選択・決定能力	課題解決能力

中学校段階の発達課題の例を挙げれば、興味・関心等に基づく職業観・勤労観の形成、「進路計画の立案と暫定的な選択」、生き方や進路に関する現実的探索等があります。

高校段階では、「自己理解の深化と自己受容」、「進路の現実吟味と試行的参加」などです。

中・高校段階では受験指導一辺倒に偏らずに、キャリア教育と受験指導が車の両輪のように展開されることが望ましい。

さらにキャリア教育は前進

4領域8能力が「基礎的・汎用的能力」という語でまとめられ、中身は①人間関係・社会形成能力、②自己理解・自己管理能力、③課題対応能力、④キャリア・プランニング能力に改編されます。

「キャリア教育の更なる充実のために～期待される教育委員会の役割」

国立教育政策研究所生徒指導研究センター（教育新聞　二〇一一年二月二十一日付）

ガイダンスセンター

私の前任校では、ガイダンスセンターという分掌があり、教育相談と進路指導の両輪が円滑に動くように工夫をしていました。教育課程にセンターの時間が組み込まれました。

ガイダンスセンターは学力向上・受験指導をキャリア教育の中枢として機能する分掌。特に面接部は、生徒たちのグループカウンセリングや保護者の個別相談をベースにした活動を担います。

●情報部

学部&学科ガイダンス、センター試験ガイダンス、大学等の入試ガイダンス、就職ガイダンスを計画し実施。

●面接部

相談活動（勉強のこと・キャリアのこと・友だちのことなど）。

模擬面接指導、職業紹介・大学紹介のビデオ貸出。

●ホームルーム部

各学年・学級で担任が展開する指導案と使用教材を編集し提供。

一年生から三年生までの合計二〇余時間分を準備。

GCハンドブック（各学年用）を編集・作成。学級数は三学年合計三〇余学級。

●学力補充部

補習の運営、サテライン聴講の運営、学習合宿の運営等。

●統計部

志望校探索の資料作成、模擬試験結果の集約、心理面の各種データの統計処理等。

●広報事業部

保護者向けカルチャーの開催、月報『架橋』の発行。大学訪問の準備。

学力偏差値が平均帯にある生徒の学力は生徒のこころ（気持ち）の状態に影響を受けやすいのです。安定した心理的状態に保つことが結果として、彼らの学力向上につながります。そのための援助をガイダンスセンターが担ったのです。

学力向上はキャリア学習（キャリア教育）との間に正の相関関係があると考えられます。しかし現実はこの事実に反して、キャリア学習は軽視され、受験学力を上げるための教科指導に換えられてしまうのです。

そこで、エクササイズ「カード式職業興味探索」をお勧めします。

カードソート方式といって、キャリアガイダンスの方法として用いられています。

生徒がわいわい話しながら作業します。静粛な雰囲気で行うものではありません。

五〇分程度の時間で終了します。

エクササイズ「カード式職業興味探索」

①職業名の記されている七十二枚のカードを3つに分類します。

・興味があり、関心を引く職業の場合はPに〇をつけます。

・嫌いであり興味のない職業の場合はNに〇をつけます。

・イメージできない職業の場合にはカード番号に〇印をつけます。

②Pに〇のついているカードのみを取り出し、自由にグループ分けします。

※何を基準にするか、どのような観点でグルーピングするかは生徒の自由です。

③各小グループにキャッチフレーズをつけます。

④最後に各々のキャッチフレーズをまとめて「……な自分」というテーマをつけます。

（回答上の留意点）

①職業表に（参照P44・45）あげられているごく一部の職業を手がかりにして、類似の関連職業について思いめぐらせてください。

②白紙のカードが8枚あります。カードにない職業で、あなたが興味・関心をもつ職業名を自由に書き込んでください。
③職業調べ（イメージできなかった職業の中から5つ自由選択し、それらの職業について調べ、各百字程度でまとめましょう。宿題にします）

このエクササイズのねらいは職業理解を通した自己表現です。

自分が好きで興味のある職業を前にして、「……な自分」を表現するわけです。

学級の生徒を小グループにして、ひとり2～3分で語ってもらいます。

このようにすることで、職業理解が進みますし、職業を介した自己理解が深まります。

また大学受験の学部・学科選択に結びつけることもできます。

生徒同士の自己表現が終了したら、シェアリング（感じたこと気づいたこと）をします。

「自分探し」という言葉の意味は、「私」という人間をいろいろな観点（側面）から理解するという意味です。自分が気づいていないものに気づくことも大切です。

キャリア教育で自己理解という場合、私は以下の五側面を考えます。
①何が好きか。

作業中の観察の要点

	4つのタイプ	作業中の反応	援助の留意点
A	**目的を果たせた生徒群** ＊職業興味を明確にできた。（今の「自分」が明確になっていて，統合性がある） ＊職業認知が妥当である。	＊真剣に取り組んでいた。 ＊和気あいあいと，お喋りしたり，自分のものを見せたりしていた。 ＊作業を終了したときには，感情面で「すっきり」していた。 ＊進路探索の次のステップへの誘いに積極的であった。	＊次のステップに進む。 a. 他のテストの受験 b. 「……になるには」の探索に進む（職業しらべ）。 c. 性格特性の理解へ進む。
B	**広げてみたものの収束できなかった生徒群** ＊「……な自分」というタイトルがつけられない。 ＊創造的思考の収束過程が十分でない。	＊分類はできていた。 ＊部分的にキャッチフレーズをつけられなかった。 ＊「……な自分」というタイトルをつけられなかった。 ＊感情面で「すっきり」していなかった。	＊分類したときの基準や視点を明確化する。 ＊「タイトルをつけられない自分はどんな自分だと思う？」と問いかける。
C	**夢遊びをしている生徒群** ＊興味・関心が拡散していて，分化が遅れている。	＊担任に積極的に話しかけてきた。 ＊楽しそうに取り組んでいた。 ＊級友に話しかけたり，見せたりしていた。 ＊最後は，感情面で困惑・当惑していた。	＊「興味のある職業がこんなにたくさんある自分ってどんな自分だと思う？」と問いかける。 ＊「やりたくない」「きらい」な職業間に共通項を見いだす。 ＊「自信」の側面から検討するステップに進む。
D	**カードが極端に少ない生徒群** ＊職業興味の極端な分化。 ＊柔軟性に乏しい？ ＊進路探索が億劫になっている。	＊手早く作業を終了し，その後は退屈そうにしていた。 ＊級友と話したり，級友と見せ合うことも消極的であった。 ＊面倒くさいという発言がしばしばあった。 ＊担任の問いかけに対して消極的であった。	＊「どんなところが好きなの？」と問いかける。 ＊「……になるには」に進む。 ＊「面倒くさいか？」と問いかける。「億劫か？」と問いかける。 ＊「面倒くさいという理由を話してみてくれない？」と問いかける。

7. 福祉・社会サービスの職業
7. 社会福祉士・介護福祉士　P/N
19. 児童相談員　P/N
31. 警察官　P/N
43. 消防官　P/N
55. 精神健康福祉士　P/N
67. 盲導犬訓練士　P/N

8. 医療・保健の職業
8. 医師　P/N
20. 看護師　P/N
32. 薬剤師　P/N
44. 診療X線技師　P/N
56. 理学療法士　P/N
68. 言語聴覚治療士　P/N

9. 教育の職業
9. 幼稚園教員・保育士　P/N
21. 学校教員（小・中・高校）　P/N
33. カウンセラー　P/N
45. 大学教員　P/N
57. 養護施設指導員　P/N
69. 学芸員　P/N

10. 運輸・通信の職業
10. 長距離運転手　P/N
22. 航海士・船員　P/N
34. 航空管制官　P/N
46. 電車・列車運転士　P/N
58. 客室乗務員　P/N
70. 駅員　P/N

11. マスコミ・デザインなどの職業
11. シナリオライター　P/N
23. 放送記者　P/N
35. 服飾デザイナー　P/N
47. カメラマン　P/N
59. 漫画家　P/N
71. 新聞記者　P/N

12. 自然を対象とする職業
12. 畜産（酪農）技術者　P/N
24. 動物園飼育係　P/N
36. 林業技術者　P/N
48. トリマー　P/N
60. 造園・園芸師　P/N
72. 獣医師　P/N

（引用・参考文献：労働省職業安定局監修・日本労働研究機構編　1997 『職業ハンドブック・職業の総合ガイド』日本労働研究機構雇用情報センター）

72職業（12クラスター・35サブクラスター）

1. 生産関連の職業	2. 建設の職業
1. IT 機器組立　P/N	2. 測量士　P/N
13. 航空機組立　P/N	14. ダム建設部員　P/N
25. 陶磁器工　P/N	26. 鉄架建造部員　P/N
37. 家具工　P/N	38. 電気技師　P/N
49. 化粧品製造工　P/N	50. インテリアデザイン　P/N
61. 製パン工　P/N	62. セキュリティプランナー　P/N

3. オフィスの職業	4. 販売の職業
3. 銀行員　P/N	4. 商品開発部員（例食品、薬剤等）　P/N
15. 経理事務部員　P/N	16. ロボット開発部員　P/N
27. 編集・出版部員　P/N	28. 信託・各種保険勧誘部員　P/N
39. 秘書　P/N	40. 自動車セールス　P/N
51. ブライダルプランナー　P/N	52. 事務・IT 機器セールス　P/N
63. 市役所職員（地方公務員）　P/N	64. 店員（例デパート、服飾店等）　P/N

5. 専門・対事業所サービスの職業	6. 個人・家庭向けサービスの職業
5. 弁護士　P/N	6. ホテルマン　P/N
17. 公認会計士　P/N	18. 料理人　P/N
29. 税理士　P/N	30. 音楽（絵画）教室講師　P/N
41. 司法書士　P/N	42. 美容師・理容師　P/N
53. 気象予報師　P/N	54. スポーツクラブ指導員　P/N
65. 検察官・裁判官　P/N	66. アクセサリーデザイナー　P/N

②何ができるのか。
③自分の中にあるどのような欲求・価値観を、働くことで実現したいのか。
④どのような働き方（ワーキングスタイル）をしたいのか。
⑤どのような暮らし方（ライフスタイル）をしたいのか。
担任は作業中の観察、グループ内での生徒の自己表現に耳を傾けます。

大学生対象「カード式職業興味探索」

●テーマについて
①あなたのテーマ（「……な自分」）は何ですか。
②テーマをつけるとき、複数の小グループの中で、どのグループを注目しましたか。
・注目していたグループ名（小見出し）
・その中にある職業は何ですか。

●あなたの職業興味について、150字で記述してください。

●小見出しのついている小グループの中で、実現しそうな予感がするのはどのグループですか。
①グループ名とその中にある職業
②そこからとくに興味のある職業を一つとりあげて、それについて200字で職業紹介してください。

●興味をもっている職業を通して、あなたは自分のどんな欲求・価値観を実現したいのですか。200字で記述してください。

●あなたはどんな働き方・暮らし方をしたいですか。400字で記してください。

以上を通して私が強調したいことは、高校受験や大学受験、専修学校受験は生徒のキャリア人生における里程標（ハードル）のひとつであるということです。決してゴールではないのです。受験、受験という言葉、「そんな学習態度では高校（大学）受験を失敗するぞ」や「そんな程度の学力では希望の学校は無理だぞ」というような、荒々しく、かつ短絡的な督励をするのは逆効果といえるでしょう。心配して気持ちが塞ぎ、迷いや不安感がつのります。

キャリアとは「馬車の軌跡（わだち）」という意味です。いろいろな軌跡があります。生徒ひとりひとりの軌跡は異なります。その個人間差（特徴）があって、それを生徒各自が受容し、そこから互いに学び合います。

文部科学省が進路指導からキャリア教育（能力育成）に変更した背景のひとつに進路成熟の問題があります。進路成熟を促す方法として啓発的経験があげられます。

これは体験・経験をとおして職業理解と自己理解を促すものです。

中学・高校では職場体験、大学ではインターンシップといわれています。

先進県としては兵庫県や埼玉県があげられます。総合的な学習の時間と特別活動の時間という枠組の中に位置づけられています。

トリマー店で職場体験したある中学生は「この仕事は動物と会話ができる能力」がないとやっていけないと述べていました。

美容室に行った生徒は「お客さんが好む雑誌をとりそろえておくことが大事と教わりました」と語っていました。

これらをとおして言いたいことは、実体験がものを言うということです。

キャリアに関する質問（大学生対象）

これは進路成熟の観点（キャリア成熟）から作成したものです。学生が、自分の進路に関してどの程度、心の準備ができているか、その度合いを知るものです。

この内容は項目の文章表現を変えれば、中・高校生にもつかえます。

Aとてもあてはまる　B少しあてはまる

Cややあてはまらない　Dまったくあてはまらない

①仕事をとおして自分が何を大事にしたいかはっきりしている。

（例　新奇な物を開発したい、地域の人々との交流、仕事内容が一定している）

②仕事を選ぶときに、自分が何を重視したいか明確になっている。

（例　資格活用、収入、通勤時間、社会保障、勤務形態）

③働くということについて、自分なりの考えを言える。

④自分の興味や能力の特徴（傾向）をわかっている。

⑤仕事をするうえで、何を避けたいかはっきりしている。

⑥友人と将来について話していると楽しい。

⑦年長者の話を直に聴いていて勉強になる。

⑧進学先・企業の選択について先輩の話を聞くと刺激になる。
⑨進学先・企業の選択について進路指導教員・就職課員に話し相談していると現実的になる。
⑩人の意見や助言を参考にはするが、自分の進路選択は自分で責任を持つものだと考えている。
⑪進学・就職はなりゆきや運だと考えている。
⑫進学先・適職探しに自発的な自分である。
⑬自分のことなので自分でめあての進学先・企業の資料を収集する。
⑭進路に関する検査等を受検して、進路探索に役立てている。
⑮必要な勉強や面接の準備・練習をしている。
⑯説明会や現場体験（職業体験、インターンシップ）に参加している。
⑰めあての上級学校や職業・企業について調べている。
⑱回答していてもピンとこない（実感がない）。
⑲回答していてあせり・不安が出てきた。
⑳回答していて、これからすることが見えてきた。

(3) 友だちのこと

「孤立は生きる精気を奪う」とよく言われます。どうしてでしょうか。

第一章でメルロ＝ポンティの人間存在の根源的両義性にふれました。人はもともと繫合希求欲求と自己充実欲求を、合わせもって生まれて生きる存在であると主張しました。それゆえに孤立は人のベースキャンプ（安全・前進基地）を失ってしまうので、生きるエネルギーを奪うのです。

授業が終わった休み時間や昼休み時間に、時々ひとりポツンとしている子どもを見かけます。さみしいですね。やるせないです（つらく、せつない）。そのようなとき、私は声をかけます。例「○○さん、昨日の授業のとき、私の説明がみんなに伝わったかなぁ。君には伝わったかなぁ」。「よぉ、○○君、ちょっといいかなぁ。教えてほしいのだけど……」。

学級内における女子の小グループ化ばかりでなく、現今では男子の小グループ化が進んでいます。男女ともに群れています。

そこで私は「友だち二人三脚」アンケートを作成し、時々実施します。ねらいは児童生徒自身の自他理解です。これは「友だち関係」に関するサイコエジュケーションです。
「回答してみて感じたこと気づいたことを自由記述してください」と付け加えています。

友だち二人三脚アンケート

学校（例　学級、サークル活動、生徒会の委員会等）であなたが「よく話している」数人の人物をイメージしてください。話しているときのあなた自身についてお聞きします。

4件法による回答

Aまったくあてはまらない　　Bあまりあてはまらない

C少しあてはまる　　Dとてもあてはまる

①その人たちに自分が好意をもっていることを伝えることがある。

②その人たちの良さを心から感じている。

③その人たちの言動を単純に善悪判断しない。

④その人たちと自分を比べてしまい自己嫌悪することがある。

⑤自分の短所をいわれることがあっても自然に受けとめている。

⑥その人たちと比べて自分には良いところがないと自分を卑下してしまう。

⑦自分の考えをくりかえし主張することもある。
⑧ありのままの自分を出せている。
⑨へんに気をつかうことをしない。
⑩その人たちに左右されることなく、自分のことは自分で決めて行動している。
⑪その人たちの期待に無理して応えようとは考えない。
⑫その人たちのありのままを受け入れている自分である。
⑬その人たちと私はうちとけている。
⑭楽な気持ちで話している。
⑮落ち込んでいるときでも明るく振る舞っている。
⑯場を盛り上げよう盛り上げようとしている。
⑰ふだんの自分ではないような言動をしている。
⑱自分の気持ちに正直になっている。
⑲胸に秘めていたことを話すことがある。
⑳将来のことについて話すことがある。
㉑家族のことについて話すことがある。

㉒自分の中に起きたネガティブな感情も素直に言う。
㉓自分が自分でないように思うときがある。

○その人たちに対してあなたはどのような感じ（気持ち）をもっていますか。（自由記述）
○あなたから見てその人たちはどのような存在ですか。（自由記述）

これら二十三項目は以下のようにカテゴライズされます。各々のカテゴリごとの代表的な項目をあげます。

〈心理的自由〉⑧ありのままの自分を出せている。
⑨へんに気をつかうことをしない。
⑭楽な気持ちで話している。
⑱自分の気持ちに正直になっている。

〈自己受容〉④その人たちと自分を比べてしまい自己嫌悪することがある。（反転項目）
⑤自分の短所をいわれることがあっても自然に受けとめている。
⑥その人たちと比べて自分には良いところがないと自分を卑下してしまう。

（反転項目）

〈他者受容〉①その人たちに自分が好意をもっていることを伝えることがある。

②その人たちの良さを心から感じている。

③その人たちの言動を単純に善悪判断しない。

⑫その人たちのありのままを受け入れている自分である。

〈自己開示〉⑲胸に秘めていたことを話すことがある。

⑳将来のことについて話すことがある。

㉑家族のことについて話すことがある。

㉒自分の中に起きたネガティブな感情も素直に言う。

〈行動の自由な選択〉⑦自分の考えをくりかえし主張することもある。

⑩その人たちに左右されることなく、自分のことは自分で決めて行動している。

⑪その人たちの期待に無理して応えようとは考えない。

⑬その人たちと私はうちとけている。

〈演じる自分〉⑮落ち込んでいるときでも明るく振る舞っている。（反転項目）

⑯場を盛り上げよう盛り上げようとしている。（反転項目）
⑰ふだんの自分ではないような言動をしている。（反転項目）
㉓自分が自分でないように思うときがある。（反転項目）

児童生徒は友だちと話しているときに、相手（友だち）に意識を向けている側面（ふれあい過程）と、意識を自分自身に向けている側面（自己の内面を注視する。自己過程）と、この二種の側面を同時に体験（experiencing）しています。友だち関係について子どもと話すときには、これらの両側面について話題にすることが大事です。

「④その人たちと自分を比べてしまい自己嫌悪することがある」「⑥その人たちと比べて自分には良いところがないと自分を卑下してしまう」は自己嫌悪感につながる項目で、自己肯定感を損なうものです。ゆえに自己受容を阻害します。そこで援助者はこのような子どもの話すことに耳を傾けます。つまり子どもの内的世界に潜入します。

「問題の子どもは内心に戦っている」（ニイル）といわれます。彼の目で彼の内的世界を見ることを勧めます。評価や審判は禁物です。条件つきでない肯定的関心を積極的に向けます。また「その気持ち、先生はよくわかるよ」といったありきたりの言葉を向けるのは逆効果です。

彼が内心に戦ってきたこれまでの経過はとても長かったのです。

児童生徒はとにかく先生に聴いてもらえると、「先生はこんなに僕の話を真剣に聴いてくれた」「こんな僕をとても大事にしてくれた」という気持ちを体験します。

この被受容体験が彼の自己肯定感を結果として回復させます。子どもは先生が自分に対してしてくれたことを模倣して、周囲の友人を、さらに人生を受け入れていきます（他者受容）。

●「友だち二人三脚」の活用
サイコエジュケーション（心の教育。思考・感情・行動の教育のこと）の思考を練る、感情を豊かにする、対処行動を学習する教材。

●「友だち二人三脚」のねらい
セルフ・モニタリングを通した自他理解。

これをふまえて、ソーシャルスキル教育（対処行動学習）に結びつけるのも一方法です。

教材「出会いのために」

武南高等学校ガイダンスセンターでは、ガイダンスとは「情報提供する」「助言する」「相談にのる」という意味であること、カウンセラーは「心理面と進路指導の専門家」であることを全校生徒に周知・徹底するために、入学準備のための教材として冊子「出会いのために」を作成し、配布しました。この冊子はサイコエジュケーションの教材になっています。入学予定者はこれに取り組んで、入学時のオリエンテーション期間に担任に提出します。

「出会いのために」教材の内容

†友だちとの出会い
†どう接したらいいの
†自分の棚卸し
†現在の私
†私の自立心
†私の自尊心
†私の社会的スキル
†自己主張練習
†健康の理解と増進のために

「出会いのためにまえがき」（片野智治）から

―まわりを見ると、知らない人がほとんどですね。しかし、武南で3年間を共に過ごす人たちです。縁のあった人たちばかりです。でも、不安でいっぱいですね。関心をもち、相手を知ることは出会いのはじまりです。感じたことや気づいたこと、考えたことを、互いに親しく話すことはとても大切なことだと思います。

「出会い」というのは、緊張や不安を伴いながらも、そこには未知への期待感があります。学級担任やクラスメイトはどんな人だろうか。先輩の中に怖い人はいないだろうか。みんな「いい人」だといいな、と思うでしょう。このように、出会いには人との出会いがあります。

また、出会いには「自分との出会い」があります。一生のうちで、片時もはなれずに一番長くつきあっていくのは自分です。ある程度わかっている自分もあります。しかし、そのほとんどは未知数の自分です。あなたはこの武南の3年間で、どのような自分と出会うのでしょうか。ここにも、期待感や不安感がありますね。

エンカウンターとは「ふれあい」という意味です。この地球上で、いままで見も知らなかった人と出会い、ふれあうのです。これは偶然です。不思議なことです。言えることは、あなたが武南に来たから、この人との出会いとふれあいがあるのです。―

ちょっとひと息

①どこが（何が）重要なのか区別できない
②覚えられない
③家で机に向かうけれども気が散ってしまい、なかなか集中できない
④自分にあった学習法をどのように見つけるのか
⑤自分の勉強に自信がもてない

このような勉強のことで一時的にかかえる問題を子どもが言ってきたとき、私はあれこれ教示せずに、情緒的サポートをすることに専念します。

「こまったねぇ」「そんなとき、イライラするでしょう……」「迷ってしまうでしょう」「情けなくなってしまうの？」「いやぁ、先生もそういうときがあったなぁ」といった具合です。

児童生徒が、かかえるこれらの問題に応えるべく、私は授業の仕方を工夫してきました。その結果が「授業二人三脚」です。一貫して強調していることは、次のことです。

・「自分の言葉」で話してほしい。
・具体例またはエピソードなどを大事にする。
・感じることを豊かにするために感情語のボキャブラリーを豊かにする。

授業者として、私は学校心理学の観点から、以下の4種類のサポートを勧めたいのです。

（情緒的サポート）いつも側にいる、先生はあなたの味方だよという態度で、子どもを安心させ、勇気づける。

（情報的サポート）つまずいているときにヒントを出す、学習の仕方を教える、丁寧に説明する。

（評価的サポート）「発表の仕方が上手だねぇ」「わかりやすいノートの取り方だね」など。

（道具的サポート）個別指導の時間をとる、学習相談にのる、補助プリントを配布するなど。


さて気持ちを集中させるためのひとつの方法に五円玉集中法があります（図参照）。だれでも興味のあることには集中できるものです。一定期間興味をもてる内容に取り組むことを集中体験させて、それから苦手な科目の学習習慣をつけるようにします。

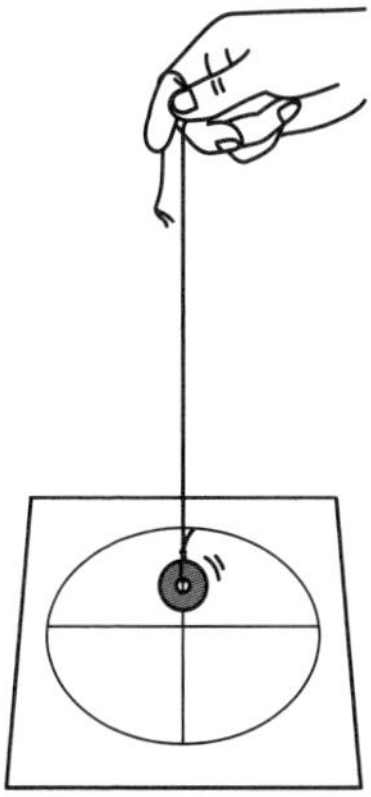

（五円玉集中法）

第三章

ガイダンスカウンセリングと心理療法の異同

「カウンセリング心理学と臨床心理学の異同を提示したい」と平成二〇（二〇〇八）年日本で初めての「カウンセリング心理学」（誠信書房）の事典が國分康孝監修で出版されました。日本のカウンセリング界にとって画期的なことでした。

C.ロジャーズは、『カウンセリングと心理療法―実践のための新しい概念―』（一九四二年）で、「この二つの用語を、互いに交換可能なものとして、おおよそ同じ意味で使うことにする」と、カウンセリングと心理療法の区別をしていませんでした。

「カウンセリングという用語は、どちらかといえば、より日常的で表層的な面接に対して使う傾向があり、一方、心理療法という用語は、もっと強力で長期にわたる接触を意味する傾向がある。もっとも多く使われているのはカウンセリングという用語であろう。これはしだいに広く行き渡ってきているし、とりわけ、教育分野の人々が、よく使っている。高校生や大学生の適応上の問題への取り組みにおいて、個人的な問題を扱う方法として、もっとも多く用いられるのがカウンセリングである」とロジャーズは、指摘しています。

アメリカ心理学会（APA）には、臨床心理学部会とカウンセリング心理学部会とがそれぞれ独立しています。またアメリカスクールカウンセラー協会（ASCA）というスクールカウンセラーの全国組織があり、非営利団体として一九五二年に創立されました。

本章ではガイダンスカウンセリングと心理療法との異同を明確にしたいのです。

ここでいうガイダンスカウンセリングは、國分康孝が提唱する「育てるカウンセリング」(Development and Counseling）です。

それは予防的、開発的、問題解決的の三領域を含むものです。

(1) 全児童生徒対象と問題をかかえた一部の児童生徒対象
—リーチアウトとスティグマ、被援助的志向性—

アメリカスクールカウンセラー協会（ＡＳＣＡ）のカウンセリングに関する定義

・カウンセリングは人間を援助する過程であり、人々の意志決定と行動の修正を手助けする。
・スクールカウンセラーは、教育プログラムの不可欠の成分であり、すべての子どもたち、学校職員、家族、地域住民に働きかける。
・スクールカウンセリングプログラムは、学業達成と、予防と介入の活動と、擁護活動と、社会的・情緒的・キャリア的発達に焦点を当てて、子どもたちが学校において成功できるように助成する。したがってカウンセラーは教育者である。

『スクールカウンセリングスタンダード—アメリカのスクールカウンセリングプログラム—』（C.キャンベル・C.ダビア著・中野良顯訳　二〇〇〇年　図書文化　28頁）

カウンセリングは全児童生徒を対象とする「育てる」という心理教育的援助

カウンセリングはもともと「育てる」という心理教育的援助であったといえます。子ども同士の関係や集団育成、学力向上、キャリアを育てる心理教育的援助であるので全児童生徒を対象とするものであったのです。

「すべての子どもたち」、「学業達成」、「社会的・情緒的・キャリア的発達」に焦点があるということです。

英和辞典でカウンセラーを引きますと、助言者、相談相手、高校生などに指導・助言する人といった訳語があてられています。語源は、勧告、忠告、協議といった意味です。文部科学省のスクールカウンセラーを「学校臨床心理士」と日本語訳をするのはきわめて不自然です。

ガイダンスセンターは生徒ひとりひとりに向けた学校生活のアドバイザー的役割

筆者の前任校のガイダンスセンターは、２教室分のスペースを持ち、それぞれガイダンスルームと資料閲覧室と命名されました。

ガイダンスルームは、学校の玄関・受付（事務室）と隣接する位置にあり、保護者の出入りに便宜を図りました。同時に、全校生徒が行き来する要路にあります。

出入口が2か所、一方のドアに素通しガラスをはめ込み、室内が見えるようにしました。

小部屋を二つつくり、中には、白い円卓と白い椅子2脚をセットして個室風にしました。個別に生徒や保護者と話す必要のあるときに用いられました。一部の生徒の利用を想定せずに、全校生徒とその保護者の利便性を考慮しました。

ガイダンスセンターの活動の要

「生徒ひとりひとりを対象にする」援助活動を実現するには、全学年で約三十学級ある学級集団（ホームルーム）をまず対象にしなければならないと考えました。

予防的・開発的な援助活動は、対象をまず学級として、学級担任（教科担任）を介した援助活動をしなければ実現できません。この過程では、もちろん「ロング・ホームルーム検討委員会」の協議を経ました。この結果、各学年のホームルーム時間から年間10時間を割愛してもらい、ガイダンスセンターの持ち時間にしました。ただし、第3学年は5～7時間でした。これでガイダンスセンター・プログラムを展開する時間の確保が実現し、学級を介して全生徒に援助活動がいきとどくようになりました。

生徒ひとりひとりが活用できる『ガイダンスハンドブック』（各学年）の作成、入学直前に取り組む冊子『出会いのために』とは姉妹編になります。これは心理教育教材です。これらの教材を使って、各ホームルーム担任は授業という形態で、ガイダンス活動を展開したのです。

お友だちと一緒においでよ

カウンセラーは、二名いました。もちろん、学年所属があり、教科の授業を担当しました。カウンセラーにとって、この授業場面は生徒ひとりひとりにかかわる絶好の機会です。

授業開始前に教室に行き、授業が終わっても短い休み時間の間、その教室で雑談したりしました。生徒との何気ない会話をしながら、「先生は、ガイダンスセンターにいるからね」「ゆっくり話そうよ」「お友だちと一緒においでよ」「文系・理系のコース選択について一緒に考えようよ」を伝えました。これを「リーチアウト reach-out」といいます。

ガイダンスカウンセリング（予防的・開発的援助）の特徴はリーチアウトにあります。この時期の生徒を対象にしているガイダンスカウンセラーの場合には、「お友だちと一緒においでよ」と誘うことが大事です。お友だちがサポーティブ・エゴ（補助自我）になってくれるのです。

生徒たちは、怖い先生のところへ行く場合、複数で話しに行きます。

これはカウンセラーにとっては好都合です。ワンチャンスで複数の生徒とかかわれるからです。同時に、一緒にやってきた生徒たちの資源を活用できるのです。違った見方・考え方を引き出せるのです。

反対に教育相談室入口付近に相談受付用のポストを置いたりするのは、問題をかかえた一部の児童生徒を対象にした方法です。これを待機型といいます。

"stigma"（汚名・恥辱）という言葉があります。青年期（前期・後期）にある人たちにとって、「自分の問題は自分で解決する。他人に相談して解決するのは恥である」という考え方が根強くあります。

「待ち姿勢」は問題をかかえた一部の児童生徒を対象にした方法で、全児童生徒を対象にした方法はリーチアウトなのです。学校の場合には「一緒においでよ」と一言添えることで、補助自我効果と資源活用が可能になります。

このようにすれば「いつでもどこでも児童生徒みんなの前で」援助の手を差し伸べることが可能で、児童生徒の資源を引き出し活用できるのがガイダンスカウンセリングの強みであり、醍醐味です。

このようにしてすべての児童生徒の被援助的志向性を引き出すことができます。

達成（成長）過程で「問題をかかえる一部の生徒」

援助の手が行き届かない子どもがいることを肝に銘じることは肝要です。ではどうするか。

学年会やガイダンスセンター会議で「気になる子カンファレンス」（仮称）を短時間でもセットすることです。気になる子の多くは教師との心理的距離が遠いのです。カンファレンスでは参加する教師間のリレーションがものをいいます。「お互い様」（持ちつ持たれつ精神）の気持ちを培うことです。それは教師同士の自己開示的態度をこころがけることによって得られます。学校の全教師で、ひとりひとりの子どもを育てようという観点に立って、難題に取り組むことです。

達成（成長）過程で「問題をかかえる一部の生徒」、主として精神病理（etiology）の観点から心の病気に対して介入しなければならない場合があります。出現率は少ないです。

例えば、もっとも多いのは神経症でしょう。

このときには、ガイダンスカウンセリングの観点からすると、同じ専門家であっても精神療法や心理療法の専門家にリファー（委任）します。

本項をしめくくるにあたって、アメリカのスクールカウンセラーの役割を定義するうえで、欠かせない要素を挙げておきます。日本のガイダンスカウンセラーの役割として重要なものになると考えるからです。

アドボカシー（advocacy）は、擁護者、弁護者という意味です。社会経済的に恵まれない児童生徒の学業成績と自己達成を擁護するというものです。

文部科学省が行った全国学力調査では、保護者の経済力と児童生徒の学力が比例する結果が出ました。

日本では小学校5年生になると通塾するといわれます。遅い生徒でも中学2年生後半から塾通いが始まります。高校全入時代にあって、これが一般化してきました。

このような状況下で、収入の少ない家庭の子どもたちは、通塾したくともできないという事態が起きています。

「問題が起きたときに補うのではなく、学校全生徒ひとりひとりの健全な成長を随時促進できるような環境づくりのリーダーでなくてはならない」と、熊本エリザは強調しています。

（國分康孝監修『カウンセリング心理学事典』誠信書房　二〇〇八年　188―189）

二〇一一年三月十一日に起きた東日本大震災は多くの人命を奪いました。児童生徒の命を奪い、社会・教育的な施設を破壊し尽くしました。このような心理的・教育的・社会的に最悪の状況にあるとき、子どもたちが友だちに会い、談笑する光景がとても印象的でした。多くの子どもたちが学業をはじめとして学校生活に困難と支障を抱える状況下、カウンセラーは子どもたちの成長を随時促進できるような環境づくりのリーダーでありたいものです。

(2)　発達課題と心の病気

児童生徒が遭遇する問題について分類してみると、表（72頁）のようになります。

児童生徒が遭遇する問題の分類

カテゴリ	問題の例
A　学習問題	学習習慣　学習価値論　学習方法 集中力・持続性　学習意欲　基礎学力 成績不振　進級・留年
B　進路問題	コース選択　科目選択　学部・学科探索 志望探索　進学情報　職業情報 職業適性・興味探索　進路選択の手順 生活気分　進路変更（中途退学） 不本意入学
C　人間関係	友人関係　人間関係スキル　孤立 家族関係　異性交際　教師不信 部活の人間関係　コミュニケーションスキル
D　自己意識	劣等感　自信喪失　自己イメージ ボディ・イメージ　自尊感情　存在価値
E　規範逸脱	校則逸脱　授業規範逸脱　性的問題行動 私生活の乱れ　薬物乱用
F　心理障害	認知・感情・行動の障害　非社会的性格 発達障害（強い内気，神経質，完全癖，対人過敏，登校拒否）
G　精神病理	不潔恐怖　視線恐怖　自己臭　摂食障害 神経症　心身症　精神病

表の中で、A学習問題、B進路問題、C人間関係、D自己意識、E規範逸脱等は、発達課題でガイダンスカウンセリングの対象になります。

規範逸脱の薬物乱用や、F心理障害の強い内気、非社会的性格（強い内気、神経質、完全癖、対人過敏、登校拒否）、G精神病理（不潔恐怖や視線恐怖、自己臭、摂食障害、神経症、心身症、精神病）等は、いわゆる「心の病気」と称されるものです。精神科、心療内科、心理療法の対象になります。

「日本カウンセリング学会の特質と役割―創立30周年に寄せて―」（日本カウンセリング学会理事会、一九九七年）、及び「カウンセリングの基本問題」（精神科臨床サービス　第2巻3号二〇〇二年）において、國分康孝はカウンセリングと心理臨床との異同について明らかにしています。

――日本カウンセリング学会の考えているカウンセリングはサイコセラピー（心理療法）とは識別された援助的人間関係を中心とする活動である。

心理療法は心理的疾患および心因性の身体的疾患の治療が主目的である。

カウンセリングは疾患の治療ではなく、健常者の問題解決、問題の発生予防、人間成長への啓発的援助が主目的である。——

カウンセリング

①発達課題を解きあぐねて困っている人への援助

問題解決を援助する場合の問題とは、たいていの人が人生で遭遇する発達課題である。恋愛、結婚、学業、進路、人づきあい、就職、嫁と姑、育児、性、老齢期の孤独、アダルトチルドレンなどがその例です。

いわゆる治療的カウンセリングといわれます。

（注…現今では問題解決的カウンセリング remedial counseling と改めています）

②予防的援助

進路意識を高めるための企業訪問計画、留学生対象の異文化への適応促進ガイダンス、性教育・エイズ教育、婚前カウンセリングなどがその例です。

③人間成長の援助法

人間成長とは思考・行動・感情の3局面における学習の促進のことです。

ソーシャルスキルトレーニング、自己主張訓練、グループエンカウンター、ロールプレイ、傾聴訓練といった教育的色彩の強い方法を用いることになる。しかも集団の機能を活用するので個別面接をカウンセリングの本流とする伝統的イメージとは違う。つまりサイコエジュケーションもカウンセリングの一技法と考えられている。

（「日本カウンセリング学会の特質と役割―創立30周年に寄せて―」一九九七年）。

「カウンセリング」と「心理療法」の相違点

國分康孝は以下の6点を列挙しています。

・第一に目標が違う。
サイコセラピーは病理的行動の治療が目標で、カウンセリングは発達課題を解きつつ成長を援助することが目標である。

・第二に対象が違う。
サイコセラピーの対象は病理現象（pathological personality）の人であり、カウンセリングの対象は健常者（normal people）である。健常者とは現実原則に従いつつ、快楽原則を満たせる人であり、病理的な人とは現実原則に従うのが困難な（耐性が低い、柔軟性が乏しい、現実判断能力に欠ける）人である。

・第三に方法が違う。

サイコセラピーでは無意識にふれるアセスメント（例　ロールシャッハ検査）やインターベンション（例　夢分析）を行うが、カウンセリングでは意識と潜在意識レベルにとどまることが多い。投影法によるアセスメントや夢分析による無意識への探索を行うことは稀である。

・第四に、過去志向か、現在・将来志向かというフレイムの相違。

サイコセラピーは、過去の人間関係を内的にどのように受けとめているかをみる個体内志向（intra-personal）であり、カウンセリングは、今どのような状況におかれていて、その状況や人間関係がどのように影響を与えているかをみる傾向がある。つまり、個体間志向（inter-personal）である。

・第五に、教育・訓練内容の相違。

臨床心理学では①神経心理学、②精神病理学、③臨床アセスメント、④サイコセラピーが教育・訓練の主要領域である。

カウンセリング心理学では①カウンセリング理論、②問題行動の心理（etiology）、③心理教育的アセスメント、カウンセリングの技法が教育・訓練の主要領域である。

・第六に、就職先の違い。

サイコセラピー出身者は医療の分野であるが、カウンセリング出身者は教育・産業・福祉の分野が一般的である。それは『治す（cure）』分野か、『育てる（care）』分野かの違いである。

（『カウンセリングの基本問題』二〇〇二年）

本項を締めくくるにあたって、NPO日本教育カウンセラー協会（JECA）の機関誌『教育カウンセラー』（創刊号　一九九九年）に掲載された、國分康孝会長「教育カウンセラーの誕生宣言」の一部を紹介します。

教育カウンセラーは教育評論家になってはならない。

教育カウンセラーは心理療法家ではない。

教育カウンセラーは複数の理論、複数の方法、複数の問題になじめるよう研鑽にはげんでほしい。子どもの問題は多様だからである。

教育カウンセラーやガイダンスカウンセラーの職場は主として学校教育機関です。

ここでは児童生徒集団を介して、彼らの「社会化」が主たる目的になっています。

児童生徒集団を扱いますので、カウンセラーはグループの心理教育的指導法に習熟していることが極めて重要です。

児童生徒集団が病んできますと、同調圧力“small I, big we.”や個の肥大化、われわれ意識の希薄化“big I, small we.”が起きてきます。集団自体が教育力や自浄作用を失い、群れ化してしまいます。

ガイダンスカウンセラーは集団を扱うことができなければなりません。

構成的グループエンカウンター（ＳＧＥ）などのグループ体験やグループワークに関する理論と技法に習熟している必要があります。

(3) ガイダンスカウンセラー養成と臨床心理士養成

前項まで、心理療法との異同の観点から、援助の対象者及び援助すべき問題等に関してガイダンスカウンセリング（育てるカウンセリング）の守備範囲について述べました。

本項では守備範囲を全うできるようなガイダンスカウンセラーの養成について、学校臨床心理士（俗称スクールカウンセラー）との異同を念頭におき、まず特定非営利活動法人日本教育カウンセラー協会（ＪＥＣＡ）のカリキュラムを参考にして述べます。

ガイダンスカウンセラー養成カリキュラム

①カウンセリングに関する主要な理論とその技法
②グループアプローチに関する理論と介入法
グループ体験（ＳＧＥなど）、グループワーク（特別活動など）に関する理論と介入法
③キャリア教育を支える主要な理論と介入法
キャリア発達論、キャリア選択論、キャリアガイダンス・カウンセリング
④サイコエジュケーションの原理と介入法
⑤ソーシャルスキル教育に関する理論と介入法
⑥カウンセリング面接のモデルと技法
⑦生徒指導論、問題行動論及び事例協議論（カンファレンス）
⑧心理教育的アセスメント
⑨スーパービジョン

⑩リーダーシップ論
⑪コーディネーション（チーム支援、システム・サポート）
⑫カウンセリング・リサーチ
⑬カウンセラーの哲学的基礎
⑭対話のある授業（授業とコミュニケーション）
⑮人間成長論&人間関係論
⑯特別支援ニーズへの対応（普通学級でする特別支援）
⑰クライシス・カウンセリング
⑱教育行政論及び学校組織・経営論、学級経営論、教育法規
⑲カウンセラーの倫理
⑳ガイダンスカウンセリング実習
　カウンセラーの自己分析（教育分析）

以上の内容を支えている学問はカウンセリング心理学、キャリア心理学、学校心理学、教育心理学、学習心理学、教授心理学、組織心理学、臨床発達心理学、哲学等です。

臨床心理士養成カリキュラム（モデル指定大学院）

①必修5科目16単位

臨床心理学特論、臨床心理面接特論、臨床心理査定演習

臨床心理基礎実習、臨床心理実習

②選択必修科目

（A群）心理学研究法特論、心理統計法特論、臨床心理学研究法特論

（B群）人格心理学特論、発達心理学特論、学習心理学特論、認知心理学特論、

大脳生理学特論、比較行動学特論、教育心理学特論

（C群）社会心理学特論、集団力学特論、社会病理学特論、家族心理学特論、

犯罪心理学特論、臨床心理関連行政論

（D群）精神医学特論、心身医学特論、老年心理学特論、障害者（児）心理学特論、

精神薬理学特論

（E群）投影法特論、心療法特論、学校臨床心理学特論、グループ・アプローチ特論、

コミュニティ・アプローチ特論

※特講（論）は理論、演習はシミュレーション、実習はプラクティス

選択必修科目の中で、B、C、D群は専門活動を基礎的に担保する専門関連科目であるとともに、実践活動を有効化させる基礎的関連科目と位置づけられています。

選択必修科目5群より各群2単位以上の計10単位以上取得します。別途に臨床心理学に関する修士論文を提出します。以上は大塚義孝「第3章　臨床心理学の成立と展開3─臨床心理学と臨床心理士」（『臨床心理学原論』臨床心理学全書第1巻　誠心書房　二〇〇四年　183頁）に依拠しています。

以上、ガイダンスカウンセラー養成カリキュラムと臨床心理士養成カリキュラムを列挙しました。これらを概観すると、以下のような相違点が見いだせます。

ガイダンスカウンセラー養成カリキュラムと臨床心理士養成カリキュラムとの相違点

①ガイダンスカウンセラー養成カリキュラムは「プラクティショナー&サイエンティスト」モデル志向であり、臨床心理士養成カリキュラムは「サイエンティスト&プラクティショナー」モデル志向です。

②ガイダンスカウンセラー養成は学校教育関係領域に特化しているということです。それゆえ

に、ガイダンスカウンセラー養成ではキャリアガイダンス&カウンセリング、学業・授業や生徒指導、学級経営に関する学習が含まれています。主たる援助対象が児童生徒集団であるという前提に立っているということです。言い換えれば、個体間(interpersonal)の問題を扱います。臨床心理士養成ではこのような特化はありません。特化していないというよりも、もともと個体内(intrapersonal)の臨床心理的な問題を扱うからです。

③ガイダンスカウンセラー養成では児童生徒の「適応の促進」(適応力の引き出し、強化・発展)を重視しています。臨床心理士養成では「適応力の回復」に主眼があるといえるでしょう。

④査定に関していえば、臨床心理査定は人間の無意識領域まで入り込みますが、ガイダンスカウンセラーの査定では潜在意識及び意識領域を対象とします。査定ツールの例をあげれば、臨床心理的査定では、投影法(例　ロールシャッハ法、絵画統覚検査、文章完成テストほか)等が活用されます。一方、ガイダンスカウンセラーでは、標準学力検査、進路適性テスト、職業興味・適性・レディネステスト等が利用されます。

⑤ガイダンスカウンセラー養成では哲学を扱いますが、臨床心理士養成にはありません。「あり方生き方」の問題は学校教育の領域では看過できない主要な領域です。具体的には実存主義、プラグマティズム、現象学、論理実証主義ほかです。

教科指導に生かすガイダンスカウンセリング

國分康孝・大友秀人『授業に生かすカウンセリング』(誠信書房　二〇〇一年)が出版されました。

「教師が学校で生徒に接する時間で一番長いのは、授業時間である。その授業を生き生きとしたものにするにはどうすればよいか。カウンセリングの理論と技法を生かしながら、個別指導の配慮、適切なリーダーシップなど対話のある充実した授業を行うための方法について実践をふまえてわかりやすく」と大友は、解説しています。

また、本書の「第2章　授業に役立つカウンセリングの理論と技法」「第3章　授業に生かすカウンセリング」「第6章　授業での教師の成長」は圧巻です。

その後、大友秀人はシェアリングについて研究を重ね、シェアリング方式授業スーパービジョンを完成しました。教科にかかわらず、どのような授業でも活用できる簡便な技法で、構成的グループエンカウンターの一技法です。

教師が、「感じたこと気づいたことを自由に語ってください」（定型の言いまわし）と導入し、参加者同士によるシェアリングによって児童生徒が感情と認知（受けとめ方・思考）の共有と拡大をねらうものです。

前任校で勤務しているとき、私は「あたたかくて意欲的になれるたのしいグループ学習を目指して」というタイトルの実践論文を『埼玉教育』一九八八年三月号（41〜44頁）に発表しました。当時の私は学んだカウンセリングを教科指導にどのように生かすか、この点に強い関心がありました。

本章では以下の３つを扱います。

⑴学校教育において欠かせない児童生徒の学習態度・習慣の形成、⑵教師が生徒と接する一

日のはじまりのリチュアル（儀式）、挨拶と出席をとることの意義をガイダンスカウンセリングの観点から言及します。

(3)質問技法。國分康孝からカウンセリング面接のスーパービジョンの一方法として質問技法―ケーガン方式―を学びました。これは質問技法を駆使して、相手に洞察（気づき）を促す方法です。これを授業場面で活用することをお勧めします。

(1) 学習の習慣・態度と技術

私は第二章で、自分自身の学習の習慣・態度をセルフモニタリングできる質問紙「勉強は仕事か―不器用だがぶれない勉強スタイル―」を紹介しました。ここでは、前任校でガイダンスセンター長を務めているときに作成した質問紙を紹介します。

自覚性・自立性・勤勉性・情緒安定性・入念性の5因子から構成される質問紙。

ねらいは、生徒のセルフモニタリング。

自覚性（学習を自分の問題だとする認識）

①ウィークデーにやり残した分は日曜日に補うようにしている。
②家庭学習が無計画である。
③試験の準備を計画的にしている。
④勉強の仕方を工夫したり改善したりしている。
⑤勉強をしている割にはその成果があがっていないと思う。

自立性（自覚にもとづいた学習行動）

⑥試験になると友だちからノートを借りることが多い。
⑦予習しようという気がしない。
⑧宿題（またはレポート）などは友だちのものを写して出してしまう。
⑨課題には積極的に取り組んでいる。
⑩ノート整理するのに「七つ道具」といわれる文具をそろえている。

勤勉性（コツコツ着実に取り組む学習行動）
⑪試験のでき具合は運であると思う。
⑫ごく短時間しか勉強に集中できない。
⑬復習のときに筋道がよくつかめない。
⑭試験時間が余ったときは答案を十分に見直す。

情緒安定性（学習行動にともなう感情面の安定性）
⑮教科の先生とあまりつながりがない。
⑯勉強について話し合える人がほしい。
⑰予定どおり勉強ができないので中途半端になってしまう。
⑱試験というと焦ってしまう。
⑲教科の先生に質問するのをためらってしまう。

入念性（大雑把ではなく、注意深い学習行動）
⑳ノートに図解・図示することが多い。

㉑工夫しながらノートを整理している。
㉒板書事項をノートに写しているだけという感じである。
㉓ノートした内容から学習の筋道が見いだせる。

今、日本の児童生徒の家庭学習時間を国際比較すると、最下位です。日本の中学・高校生の家庭学習時間の大半が三〇分程度です。すなわち家庭学習が定着していないといえます。

佐藤学は『「学び」から逃走する子どもたち』(岩波ブックレットNo.524　二〇〇〇年)の中で、次のように述べています。

「確かに勉強に追われ、塾に追われる子どもがいることは事実です。しかし、その数は一部に限られています。大半の子どもは小学校の高学年頃から『学び』を拒絶し『学び』から逃走しています。今や、日本の子どもの学習時間は世界で最低レベルにまで転落しているのが現実です。」(9—14頁)

佐藤学は本稿の中で『勉強』と『学び』の相違点を強調しています。

「勉強という言葉が、『学習』を意味するようになったのは、おそらく明治二十年以降です。欧米文化一辺倒の明治の学校の学習には『無理がある』という意味で『勉強』という言葉が使われたに違いありません。その『無理』がいつのまにか当たり前になってしまったのが、『勉強』に象徴される日本の学校文化であると思います。その『勉強』から子どもたちが大量に逃走しているのです。」（55頁）。

さらに彼は言及しています。

「私自身は『勉強』と『学び』との違いは、〈出会いと対話〉の有無にあると考えています。『勉強』が何ものとも出会わず何ものとも対話しないで遂行されるのに対して、『学び』はモノや人や事柄と出会い対話する営みであり、他者の思考や感情と出会い対話する営みであり、自分自身と出会い対話する営みであると思います。

『学び』とは、モノ（対象世界）との出会いと対話による〈世界づくり〉と、他者との出会いと対話による〈仲間づくり〉と、自分自身との出会いと対話による〈自分づくり〉とが三位一体となって遂行される『意味と関係の編み直し』の永続的な過程であると、私は定義しています。」（56～57頁）

勉強ではなく、「学び」を実現するために、次の三つの課題遂行について提言しています。

①活動的な学びを教室で遂行する。

これは「モノや人や事柄」との「出会いと対話」をベースにした体験的・活動的な学びのことです。

②他者との対話による「協同的な学び」を実現する。

③知識や技能を表現し共有し吟味する学びを遂行する。

佐藤学は「出会いと対話」による「世界づくり」「仲間づくり」「自分づくり」を「自らのわかり方（またはかかわり方）を発言や作品として表現して、仲間と共有し吟味し合う」学びを提言しているのです。

以上の提言をもとに児童生徒の学習の習慣・態度と技術について考えますと、これらも「出会いと対話」によって身につけていくものです。

自覚性、自立性、勤勉性、情緒安定性、入念性をもつ学習の習慣・態度と技術は〈出会いと対話〉によって定着するものであり、児童生徒の成長とともに変化してゆきます。

これらを促進する指導技術の2つを推奨します。

学びの過程で体験した感情を表現し、感情体験をともなった気づきを相互に共有・拡大することで、世界づくり・仲間づくり・自分づくりが広がっていきます。

指導技術1　シェアリング

> 「感じたこと、気づいたことを自由に語ってください（話してください）。時間は十分です（内容に応じて時間設定をします）」と教示します。（定型）

シェアリングはグループで行う討議（論）や議論ではありません。これらは自分の考えを述べたり、他人の考えを批評・批判したりして論じ合うことを意味します。またある問題について結論を出すために、互いに意見を出して是非を検討し合うことをいいます。「論ずる」ことはものごとの道理（筋道）を述べ合うことをいいます。

シェアリングを指導するときの留意点（よいシェアリングの条件）は下記のとおりです。

①発言の機会を平等にもつこと。

②ある特定の子どもが自分のグループを仕切らない。

③沈黙の自由を認める（発言を強要しない）。

④感情表現を大事にする。

⑤かかわり発言をお互いにする。

かかわり発言とは他者に触発されて、グループメンバーが各々の感情体験や気づきを自己表現することです。

例えば、「ぼくはおどろいたよ」「○○君が言ったことはほんとうだと実感しました。私は驚くと言うよりも、あわててしまいました」など。

指導技術2　学習法（学び方）探し

具体的な学習の技術のサンプル（SQ3R法）を示し、「自分に合った学習の方法を探しましょう」と子どもたちに問いかけをします。

学習の技術のサンプルは、アメリカの心理学者ロビンソン、F．P．の開発したSQ3R法を多少アレンジして示します。

①Survey（サーベイ、概観する、全体を見る・図示）
②Question（自分で質問をつくる）
③Read（音読する）
④Recite（口に出して答える）
⑤Review（口に出してまとめをする）

学習法（学び方）探しはグループで行います。拡散的思考（創造的思考の一種で、広がりを求める思考法）をベースにして、思いついたアイディアをできるだけたくさんポストイットに書き出します。

授業「学習法探し」をふまえて、個々人が自分なりの学習法を固めていけばよいのです。その時点で自分なりに納得したものであっても、これは不変のものではありません。グループ学習することで、文殊の知恵の出し合いと模倣学習を促進することになります。自分にフィットした（しっくりくる）学習法には微調整が必要となります。

次に「意味のある全体像」を把握できるように仕向けます。

子どもが学習する内容は授業時間に制約を受けますので、細切れになります。それゆえに全体像の理解や把握に支障が出てきます。図解・図示法を用いながら、全体像と各部分の連関を理解できるようにします。

私たちはものを見るときに、トータルに見ようとする傾向があり、その全体像に対して意味を付与する傾向があります。

(2) 児童生徒と教師間の心理的距離と学習意欲

前項で二つの指導技術について記しました。

指導技術の三つめは児童生徒の物理的存在を確認するというものです。

指導技術3 児童生徒の物理的存在を確認

名前を正しく呼び、呼んだ子どもと目線を合わせます。


いまさら何をいいだすのかという感じを読者はもたれるでしょう。

この基本の「キ」を持ち出した理由は、これが児童生徒と教師間の心理的距離を近くする第一歩であるということを確認したかったのです。

私は、今、女子大学で教えています。大学も教育機関ですので、学生と教員間の心理的距離を近くすることは肝要です。

呼名しながら出席をとる際に、私は学生ひとりひとりの物理的存在を確認します。

つまり、ひとりひとりと目線を合わせることをしています。目線を合わせると、児童生徒ひとりひとりの表情が見えます。

ニコニコしながら顔をあげて応える子、手を挙げて力強く真顔で応える子、うつむき加減で応える子、後ろ向きで応える子、毎日・毎時間のことになると、子どもたちの応え方は様々です。

面倒くさいなぁという反応も出てきます。下を向いていて顔を上げずに返事をする子、また返事をせずに顔を上げて先生を見るだけの子もいます。

このように教師の呼名に対する反応は、子どもたちの今ここでの気持ちがアクティング・アウト（行動化）したものです。

「日常的で、毎日毎時間のこの積み重ねにどのような意味があるのでしょうか。

生徒と教師間の心理的距離は黙っていても（ことさら意図的で、わざとらしいことをしなくとも）、日が経つにつれて近くなるものだ」と、ある高校教員が言いました。

この応答に対して、反論・異論も出てきました。

埼玉県高等学校教育相談研究会（県公立・私立高校における教育相談に関する研究会。県内二百五十余校から各校2〜5名が参加）の中に、研究班ができて、「生徒と教師の心理的距離と学習意欲」に関する研究を手がけました。平成六（一九九四）年にはじまりました。

平成十年度埼玉県教育委員会教育奨励研究費の補助を受けて、「生徒と教師の心理的距離と学習意欲」に関する研究の成果は発表されました。

「研究班に寄せて」という中で、故丸子芳保校長は、提言しています。

「今こそ教師が、学校教育という枠組みのなかで教師というネームプレートをしっかりと胸に付けて生徒と真正面から向かい合うことの方が大事なのではないか」

教師が、生徒と真正面から向かい合うことの第一歩、踏み出す第一歩は、児童生徒と教師間のリレーション（温かくて信頼に満ちた人間関係。ふれあい）をつくることであると私は考えています。リレーション形成は教育原理であるといえます。

児童生徒と教師間の心理的距離に関する研究の第1章は、以下の4技法を用いて授業展開をした場合と、そうでない場合と比べて心理的距離に有意差（偶然ではなく意味のある差）が生まれるかに関するものでした。

〔4技法〕

(1)指名するときに名前を呼んできちっと目を見る。
促しの目線を送る意味をこめた目です。

(2)生徒が発言したら、それを認めるコメントを加えて返す。
認めるコメントとは肯定的なフィードバックのことです。認めがたい場合には、「そうですか。そういうものですか」「それを認めるのはかなり難しいですねぇ。しかし君（あなた）がそのように考えたプロセスに興味がありますよ。教えて……」。

(3)授業中に当該の教科書の内容以外のトピックをひとつ入れる（ただし、2、3分程度）。
教科担当者のパーソナルな話題がよいとされました。

(4)教壇を降りて（離れて）生徒に近づき、一対一のコミュニケーションをする。
授業内容に関するもの、あるいは何気ない会話でよいとしました。

小・中学校では当たり前のことでありますが、当時の高校ではこれらは意識して心がける類のものでした。「普通に授業していれば、時間が経つにつれて親しくなるものです。わざとらしく不自然ですよ」という反論は続きました。

〔尺度〕

生徒と教師間の心理的距離の変化を調べるために、赤池義博「教師と児童の心理的距離に関する研究」（一九九三年）から、本人の許諾を得て以下の十八項目を使用しました。

（回答は「そう思わない」から「そう思う」までの5件法）

①この先生にはなんでも気軽に話せる。
②この先生と一緒にいても緊張しない。
③この先生と自分はうちとけている。
④この先生とはできれば一緒にいたくない。
⑤この先生と一緒にいても不安を感じない。
⑥この先生と一緒にいても気まずさを感じない。
⑦この先生と一緒にいてもきゅうくつさを感じない。
⑧この先生に声をかけられると緊張する。

⑨この先生には気をゆるせる。
⑩この先生には恥ずかしさを感じない。
⑪この先生と一緒にいても気持ちが疲れない。
⑫この先生にものを聞きたくても聞きにくい。
⑬私はこの先生を温かいと感じる。
⑭この先生は私のことを信用してくれる。
⑮この先生は私に関心をもったり期待している。
⑯この先生と私の間には壁がある。
⑰この先生と話をするとき、目をそむけなくてもよい。
⑱この先生は私の気持ちを考えてくれる。

学習意欲の変化を調べるためには、「学習意欲診断F検査」松原達哉（日本文化科学社　一九八五年）を参考にして作成した三十七項目からなる調査項目を用いました。これは、「肯定的感情」「主体的な取り組み」「前向きな心構え」「科目へのこだわり」の4領域から構成されています。

〈調査対象の選定〉

調査対象は埼玉県内の公立高校から8校抽出し、各校の1年生2学級（実験群1・非実験群1）を対象にしました。

〈実験の実施〉

実験は5月上旬から6月下旬に行われ、事前・事後の2回の調査をしました。

分析方法は対応のある平均値の差の検定をすることにしました。

〈結果〉

●実験群の学習意欲

「主体的な取り組み」と「前向きな心構え」の二つの領域で有意の差が現れました。

前者は「計画したこの科目の勉強は最後までやりとげる」「この科目は人から言われなくとも自分から進んで勉強する」「この科目の勉強はコツコツとねばり強くやるほうである」といった項目から成っています。

後者は「この科目では難しい問題にぶつかっても努力すればいつかはできるようになると思う」「この科目でよい成績をとったときは、さらによい成績をとるよう目標を立てる」といった項目群から成っています。

●実験群の心理的距離

十八項目のうち、「⑧この先生に声をかけられると緊張する」を除いたすべての項目で有意差が見出されました。

●実験群における心理的距離と学習意欲間の相関関係

心理的距離と学習意欲の「肯定的感情」「主体的取り組み」「前向きな心構え」領域との間に有意の正の相関関係が見出され、「科目へのこだわり」領域との間では負の相関関係が見いだされました。

●非実験群の心理的距離

次の項目で有意の変化が見出されました。

「④この先生とはできれば一緒にいたくない」は事前と事後ではポジティブな方向へ変化しました。一方「⑤この先生と一緒にいても不安を感じない」「⑥この先生と一緒にいても気まずさを感じない」「⑦この先生と一緒にいてもきゅうくつさを感じない」の3項目においては、事前に比べて事後の平均値が高くなり、ネガティブな方向へ変化しました。

生徒と教師間の「不安」「気まずさ」「きゅうくつさ」は授業時数が進むにつれていっそう感じるようになったといえます。

「(1)指名するときに名前を呼んできちっと目を見る」「(2)生徒が発言したら、それを認めるコメントを加えて返す」「(3)授業中に当該の教科書の内容以外のトピックをひとつ入れる」「(4)教壇を降りて（離れて）生徒に近づき、一対一のコミュニケーションをする」といった心理的距離を近くする4スキルは学習意欲の向上に影響をおよぼしているといえます。児童生徒と教師間のリレーションは学習意欲に影響するということです。

跡見学園女子大学臨床心理学科の学生は3年次に十日間のカウンセリング実習（必修科目）に出ます。市内の小・中学校にお世話になります。実習生は「かかわり行動」を中心にして悪戦苦闘します。かかわり行動とは児童生徒たちとリレーションを形成する行動をいいます。

小学校で実習したある学生は児童から「先生、先生！　ぼくの名前を呼んで……」と言われて名前を呼びました。

「先生、何回も言ってよ……」

「名前を呼ぶよ」と言うと　「ぼくの名前を呼んで」と言う
「先生の目を見て」と言うと　「ぼくを見て」と言う

「がんばらないで」と言うと　「先生ってかわっているね」と言う
「あきらめないでね」と言うと　「わかっているよぉ」とうなずく
「ぼくは大丈夫だよ」と言う

「そう　先生はかわっているね」　「そうだよ　変だよ」
「でもね　ぼくは好きだよ」

(3) 質問技法―國分方式に学ぶ―

Dr. ケーガン、N. は米国においてカウンセリング心理学のアイデンティティの提唱・確立に貢献をした教授のひとりです（國分康孝『カウンセリング心理学入門』一九九八年　ＰＨＰ

研究所　58頁)。

ケーガンはカウンセリング面接のスーパービジョンで質問技法を駆使したと、師、國分から教えていただきました。國分自身もスーパービジョンするときの着眼点をあげています。

授業場面で児童生徒とのやりとりを振り返るための着眼点

授業場面で教師が発問し、児童生徒を指名し回答・解答するという場面で。

①そのとき発言者に対してどう思いましたか（感じましたか）。（対教師）

教師は子どもたちの行動傾向（反応傾向を含む）をよく知っています。理解しているという言い方が適当かもしれません。この理解内容が先入観となって、A君の発言内容に誘発されて、思いもよらない言動（反応）をしてしまうことがあります。

例えば、先生がA君に対してネガティブな理解をしているとします（例　彼は授業中よくおしゃべりする。課題の提出もせず、提出時にくどいほど言い訳をする……）。

A君が正解を言ったとします。「ほぉ、よくできたね（皮肉っぽく）」と値引き（ディスカウント）してしまうことがあります。また誤答をしたときには、「何でぇ？　そういう答になるの⁉」と、「ほんとにいやになっちゃうよなぁ」となってしまうことがあります。

②今の発言内容を要約してください。（対生徒）

要約を求めるねらいは定着化です。要約できるということは、自分の発言内容を自分の耳で聴いているということです。同時に発言内容に確信をもてていることを示します。一方、発言内容に整合性を見いだせていることを示しています。さらに発言者が冷静だといえます。これによって、単に咄嗟に思いついた内容なのか、熟考している内容なのか、判別できます。

③あなたの発言内容をそっくりそのまま別の人に繰り返してもらいましょう。（対生徒）

発言者とは別の子どもに繰り返すように求めるねらいは、他人の発言に聴き耳をたてる習慣をつけるところにねらいがあります。一方、他人に要約してもらうことで、自分の発言内容を確かめることができます。つまり他者の要約が自分の鏡になります。

④繰り返してみてどう思いますか。繰り返してもらってどう思いますか。（対生徒）

授業それ自体はグループ学習です。それゆえにクラスメイトに向かって表現する、聞いてもらうことを意識する必要があります。また教師がある特定の児童生徒に発問する場合でも、その発問はそこに一緒に学んでいる子どもたち全体に向けられているわけです。

他人の発言を繰り返すことによって他者理解が進みます。他者理解が進めば、自己理解も進みます。自他理解が進むことによって自他の相違点が見い出されるようになります。

⑤あなたの今の発言は何を拠りどころ（根拠）にしましたか。そこに着眼した理由を教えてください。（対生徒）

根拠は何かについて応答を求めるものです。根拠がしっかりしている発言は一般性・公共性を帯び、説得力をもちます。根拠が薄弱ですと、それは独り善がりといわれます。つまり独善のことです。

例えば、まわりのみんなが月々の小遣いを五千円もらっているので、私の場合もみんなと同じ額だけ欲しいと、小遣いの値上げを求めるとします。よくよく考えてみますと、「まわりのみんな」が不明です。同じクラスの男女28人の平均が約５１００円であることを例示して、「まわりのみんな」がというのであれば、要求の根拠がより明確になります。根拠が明らかな場合、信頼性や妥当性が増します。

⑥自分の着眼をどう思いますか。（対生徒）

着眼がよいと信頼性や妥当性が増すと述べました。着眼というのは目をつける、目のつけどころという意味です（着眼の例　同じクラスの男女28人の平均）。

よい着眼（信頼性や妥当性のある着眼）は物事を複眼的に見る力に影響を受けます。複眼というのはトンボの目であり、多面的に着眼するという意味です。多面的な着眼力は創造的思考法や幅広い知識から生まれるものです。

⑦あなたは思ったこと（感じたこと、気づきや考えたこと）を思ったように表現できましたか。（対生徒）

ここでいう「思ったこと」というのは思考や感情のことです。

また思うことと、それを他者に伝える・表現するということとは別次元の問題になります。つまり他者に伝えるというプロセスでは、語彙の豊富さ、文章力（作文力）、発表力またはプレゼンテーション力が重要になります。

他者に伝えるプロセスを重要視することは、他者の「存在」と「関係」を尊重する姿勢につながります。

⑧フレーム（枠組み、観点）を変えてみると、どのように言い換えることができますか。（対生徒）

私たちの日常的な生活では、俗にいう常識がものをいいます。一方、これに囚われると、ものの見方・考え方が固定的になってしまいます。例えば「守銭奴」は金銭感覚が敏感であり、かなりの検約家という意味です。検約はむだを省き、費用を切り詰めることで、節約につながります。この感覚が人一倍ある人をいいます。一方、豊かさのある社会では守銭奴は嫌われます。

私は写真をよく撮ります。普段はカメラを横に構えます。ときには縦に構えます。これはフレームを変えたことになります。また、普段は自分の目の高さで撮影します。この位置を変えることで、写り方が変わります。被写体から遠く離れて写すときもあります。このように私たちは臨機応変にフレームを変えています。

因みに、フレームを変えることで、自分の住む世界が変わり、生きる意味を見いだせることがあります。

⑨○○さんの内容に付け加えてみて（ふくらませて）ください。（対生徒）
独りの着眼・発想には限りがあります。三人寄れば文殊の知恵といわれます。知恵を出し合う、寄せ合うことで内容は広がりや多面性が出てきます。

⑩今の発言内容を論理性の観点（つじつまが合っているか）から分析してみましょう。（対生徒）

ここでいう論理性は論理と実証という意味です。

例えば、「学級担任はクラスのすべての子どもから好かれねばならない」という考え方をもっていますと、担任はとてもつらいでしょう。

好かれることは児童生徒の期待や願望に応えることです。

担任は八方美人になってしまう傾向がでてきて、自分自身を喪失することになります。

またひとりの教師が三十余名のひとりひとりの期待や願望にそうことは土台無理なことです。

むしろ偽善者でしょう。そこで「好かれるにこしたことはない」といったふうにすると、つじつまがあってきます。つまり発言内容の論理性に注目したいということです。

ちょっとひと息

児童生徒にとって「勉強と成績」はいつでもどこでもセットになっています。これは不思議なことです。親や教師から「勉強しないとよい成績はとれませんよ」「成績がよくないねぇ、もっと勉強しなければダメだよ」と繰り返し言われているプロセスで、勉強と成績が裏表のようになってしまいます。これは不幸なことです。

さらに、勉強と成績と受験（中学受験・高校受験・大学受験）がセットになると、勉強が成績と受験の両方から影響を受けることになります。ポジティブな影響というよりも、ネガティブな影響のほうを私は懸念しています。

勉強することの目的が成績のため、受験のためといったふうになると、児童生徒は「学び」の楽しさやよろこびから遠くなってしまうのではないか、このようなことが心配になるのです。すなわち佐藤学のいう「出会いと対話」、モノや人や事柄と出会い対話する営み、詳述すればモノ（対象世界）との出会いと対話による「世界づくり」と、他者との出会いと対話による「仲間づくり」と、自分自身との出会いと対話による「自分づくり」とが三位一体になっている学びから遠くなってしまうのではないか。

勉強することの目的が成績のため、受験のためといったふうになると、ますます児童生徒の自己肯定感が下がってしまうのではないでしょうか。自己肯定感は「出会いと対話」のプロセスで育まれるものです。このプロセスには児童生徒同士の受容・被受容体験があります。言い換えれば、自己肯定感を育むふれあいがあるのです。

自己肯定感は、仲間同士としてお互いを信頼し、お互いの意志決定のプロセスを大事にする必要があります。さらに互いが自分を開き、生産的論戦もできるようになるプロセスで育まれるものではないでしょうか。

私は構成的グループエンカウンターの研究を続けています。ここから言えることは、自己肯定感は無条件の受容・被受容体験によって高まるのです。

第五章

生徒指導に生かすガイダンスカウンセリング

多くの学校では、入学式のオリエンテーションで校則について「伝達」しています。伝達という語をあえて用いました。本来なら、学校生活の基幹の部分ですので、児童生徒が教師や保護者とともに、ディスカッションするほうがベターではないかと考えます。

その意図は校則の内在化を促進するためです。一方的に拘束するよりも、疑義を言える機会を与える、疑義があればそれを述べようとする態度を育てることこそ生徒指導ではないかと言いたいのです。上意下達方式をとらないほうがよいと考えるのです。

上意下達の伝達式の校則学習は、児童生徒の感情をゆさぶらない

北海道で高校の生徒指導部長をしている真鍋孝徳さんは、朝礼の生徒指導部長「講話」をやめて、ＤＶＤ教材を使った「いじめ防止」のサイコエジュケーションを行っていました。

サイコエジュケーションは「心を育てる教育」、思考・感情・行動の教育です。
注：文部科学省のいう「心の教育」は、國分康孝が提唱する教育カウンセリングの観点からいえばサイコエジュケーションのことである。これには思考の教育、感情の教育、行動の教育の3つがある（篠塚信・片野智治編著『実践サイコエジュケーション』図書文化社、1999年）。

日本教育カウンセリング学会研究委員会主催第3回『SGEカレッジ』（平成二二年八月二九日北海商科大学）で、私は彼のDVDを視聴しました。

あのときの感動が今でも蘇ります。胸が熱くなりました。

視聴によって感情をゆさぶり、思考と行動にアタックした「いじめ防止」を訴えたのです。

上意下達のような伝達式の校則学習は、児童生徒の感情・思考・行動に影響を与えるような効果は生まないということです。サイコエジュケーションの中に位置づけて、時間をかけて内在化をはかることを勧めたいのです。

本章では、⑴秩序と柔軟性、⑵迷惑行為と公共性、⑶基本的生活習慣の定着化、⑷「強い心を育てる」サイコエジュケーションの主要な学習項目として位置づけることを推奨したいのです。

(1) 秩序と柔軟性

学校内の秩序を維持するために校則があります。

小学校の中・高学年から中学生、高校生となると、これを遠ざけたい気持ちになります。

また、親離れ・先生離れの心理が強くなり、これらの重要な他者がうっとうしくなります。すなわち、不快な存在になります。

これらの児童生徒の心理を無視して、いわゆる強面の生徒指導をすると、きまって反発を受けることがしばしばあります。

児童生徒は教師の強い指導に対して反発をしてきます。

ああ言えばこう言う、両者が激昂状態になってしまうこともしばしばあります。


「秩序」という問題をサイコエジュケーションの学習項目として位置づける

「秩序」という問題を、サイコエジュケーションの思考の教育の中で取り上げて学習することを勧めます。

思考の教育は「論理性と実証性」に基づいた思考を心がけるところにねらいがあります。

校則や授業規律に違反した児童生徒を指導する場面で、以下に挙げるような教師の態度や言動について、あなたはどのように感じますか。またはどのように考えますか。

例1　どの児童生徒に対しても対応・対処の仕方を同じくする。
例2　児童生徒の違反を見逃さない、黙認しない。
例3　違反した児童生徒への対応・対処の仕方を途中で変えない。
例4　規則をゆるめると、生徒は秩序を乱すようになる。
例5　規則は生徒が言い逃れできないように細かくする。
例6　罰則は抑止力になるので重いほうがよい。
例7　注意しているとき、生徒が反抗的な場合には威嚇的な言動をする。
例8　理由に関係なく、違反行為のみを注目する。
例9　注意するときに例外を認めると全体の秩序が乱れる。
例10　注意してもきかない生徒に対しては手加減しない。

十種類の例文を児童生徒の学齢に合わせて用います。これらの例文の中から、状況や指導のねらいに合わせて選択します。五十分授業の想定で、授業展開の例を示します。

①グループ学習にするために、基本形4～5人1組にします。
②各グループに2例文を与えます。
③例文に関して議論や討論をするのではなく、シェアリング方式をとります。すなわち「感じたこと気づいたことを自由に話して（語って）ください。時間は一例文につき7分で、トータル14分です」。
④シェアリングが終了した段階で、各グループからシェアリング内容を他のグループとの間で共有することにします。

サイコエジュケーションの「授業」で教師が留意すること

①真摯に耳を傾けるという基本姿勢・態度がこの授業の決め手になります。
②教師側の異論・反論を避けます。威圧的・高圧的な言動も避けます。感情表現をこころがけ

ます。例えば、「正直いうと、先生は苦しいねぇ」「君たちを不愉快な気持ちにさせてしまったねぇ」。

③「よくぞいってくれた」という態度で、子どもたちの感情を汲み取るようにします。

論理性と実証性に基づく思考の教育が柔軟性を培う

多くの生徒指導場面で、児童生徒と教師との間で惹起される感情は、例えば、不愉快さ、焦燥感、嫌悪感、敵対感情などです。また、両者間に合理化（自己弁護の心理）や知性化（やたら理屈っぽくなる心理）、反動形成（威張りたくなる心理）、投影（責任転嫁の心理）といった防衛機制（適応機制）が作用するようになります。

このようになってしまうと、この授業自体が別の方向に向いてしまいますので留意したい点です。

論理性と実証性に基づく思考の教育を積み重ねますと、児童生徒ばかりでなく、教師の思考にも柔軟性が培われます。

思考の柔軟性とは複数の視点・観点を持てるようになり、反応の仕方や行動の仕方がワンパターンでなくなります。

児童生徒のムカつきや短絡的な行動を防ぐ予防になります。

(2) 迷惑行為と公共性

サイコエジュケーションには行動の教育があります。
これは対処行動に関して学ぶものです。
行動（ビヘイビア）とは、行為（アクティング）と反応（レスポンス）を含んだ意味です。

迷惑行為

ここでいう迷惑行為は公共性を伴う物理的空間で、個々人の快楽原則の充足を優先する行為を言います。

横断歩道（スクランブル交差点を含む）を児童生徒（大人も含めて）が自転車に乗って行き交う行為、歩道を自転車で走る行為、駅近辺の道路や歩道の自転車の放置、電車やバスの公共の乗り物の中での大騒ぎや雑談をする行為ほかです。

自由と寛容とやさしさの風潮の中で、これらの迷惑行為が横行しています。

次のようなケースが、大学キャンパスでは見受けられます。六〇〜八〇人が学バスを待ちます。ひどいときには列が五〇メートル以上長くなります。最前列にいる学生の友人らしき学生が遅れて来ておしゃべりし、その最前列からバスに乗り込みます。「かなりひどい割り込み乗車」「順番を守らない」この友人同士の感覚を私は理解できません。ここにはどのような気持ちが作用しているのでしょうか。この種の迷惑行為はずっと以前からありました。

駅のプラットフォームに座り込んでしまう、電車の中でドア辺りに数人でたむろしながら座り込んでしまうという行為に対して私は驚愕しました。

今、青年期にある中学・高校生、大学生らの公共の乗り物における「ゆずりあい」の感覚が失われつつあると感じます。若い彼らが電車の優先席に座っている光景をよく見ます。

生徒が大きめのバッグを床に置いて、一般乗客の利用と通行を妨げています。

彼らは、組んだ足を投げ出すような格好で座ります。優先席に限らず、多くの青年男女は座席の譲り合いをしません。詰め合って座るということをしません。

児童生徒や大学生の例をあげてきましたが、保護者間でもこのような行為が目立つようになりました。

①電車やバスの中で自分の子どもが騒いでも注意しない、できない親が多くなっている。

あるとき、空いた電車に乗り合わせました。二人の母親が子どもを連れて乗り込んできました。子どもたちは、土足のまま座席に立って吊革にぶら下がって遊びはじめました。子どもたちのその行為を見ながらも注意ひとつせず、母親同士は、おしゃべりに夢中でした。

②学校行事（授業参観など）への保護者参観があると、校庭や昇降口の近辺にたばこの吸い殻が散乱します。

③参観授業で、保護者の私語が多く、子どもが授業に集中できなくなります。

保護者の私語は個々人の快楽原則の充足を優先する代表的な行為と言えるでしょう。

「ルールという言葉は二つの反応を引き起こす。一つは、必要不可欠で、慣れてしまえば感じなくなるが、はじめは他から強制された嫌なものという不快感を伴う反応、二つめは、さまざまな意味で自分たちを守ってくれるものであるという認識である。この二つの成り立ちを理解することが、大人が子どもに対してルールを教えていく基本である」

（「ルールを守れない子の心理と対応」児童心理No. 896　井原成男　二〇〇九年）。

この引用からもわかるように、ルールというものは内面化する、内在化することが望ましい。一方、マナーは態度、行儀、作法等の意味です。

迷惑行為はルール違反的側面とマナー低下の側面の両方をもつといえます。いずれも社会的関係（共同生活、共同体など）の文脈・意味合いを損なう要素といえます。反面、それらの要素が現今の社会から失われていることを示すものと考えられます。すべての学校教育は教育基本法と学校教育法に拘束されます。同時に日本国憲法に拘束されます。これらの法律では「公共の精神を尊ぶ」ことが強調されています。それゆえに、児童生徒間に望ましい関係をつくり、それを基盤にルール違反やマナー低下の問題を考え、そこから新しい要素を共に創造することが肝要です。

精神分析理論の観点からいえば、共同体のルールやマナーで大事なものは金銭と時間に関するものです。これらは親の愛の象徴と考えられます。

愛は「ほどよさ」が肝要で、過剰と不足は、子どもの成長にとっては、悪影響を及ぼします。

思いやり

思いやりは人の身の上や心情を察する（共感する）ことを意味します。

社会心理学に「向社会的行動 prosocial behavior」という概念があります。

他人との気持ちのつながりを強めたり、それをより望ましいものにしようとする場合にとられる行動のことです。迷惑行為はこれとは反対の行為といえます。

菊池章夫は向社会的行動の核は共感性であり、次の三つの側面があると指摘しています。

①相手の感情の状態を判断することができる。

相手が、今、どのような気持ちでいるのか判断がつき、それを言葉で表現できる力がある。

②相手の行動（反応を含む）について予測がつく。

相手の立場に立つことができる。

③相手と同じ感情を体験し、それを共有する。

（『思いやりを科学する―向社会的行動の心理とスキル―』菊池章夫　一九八八年）

向社会性を育てる方法としては観察法、モデリング、ロールプレイ、ロールレタリングほかが挙げられます。

(3) 基本的生活習慣の定着化―遅刻・早退・忘れ物・寄り道―

基本的生活習慣

①児童生徒が欠席や遅刻をせずに毎日登校すること。
②授業で使う教科書類やノート類、提出物ほかの忘れ物をしないこと。
③寄り道をせずに登・下校を安全にし、家庭生活を充実するとともに明日への準備をする。

これらは社会人になっても同様のことが求められます。勤務規則や就業規則にのっとることが要求されます。通常であれば、無断欠席や連絡なしの遅刻は考えられないことです。逆をいえば、これらの行動が目立つようになれば、上司から注意を受けることになります。職業には対人関係が伴います。人間関係なしには職業生活は考えられません。

私たちは職業を営みながら学習しているわけです。
上質の職業生活をするためには、それに応じた学習が伴います。
幼少期から職業生活で定年を迎えるまで、この基本的生活習慣を営むことになるわけです。これを日常的に営めなくなるというのは、何らかの諸事情に遭遇した場合（病気療養、休職など）ということになります。

犬塚文雄は「基本的生活習慣を形成するには、人間の最も基本的・日常的な行動のあり方である基本的行動様式の指導を積み上げ、子どもがその意義を自覚し、自然的・自動的に行うことをめざす」ことを強調しています（二〇〇六年）。

指導すべき基本的行動様式

①生命尊重、健康に関すること
自らの心身の健康に関する理解と増進に、セルフモニタリングできるようにすることが重要です。
②規則やきまりのある生活に関すること

規則やきまりは結果として自他を守り、その恩恵（代価）が得られることを児童生徒が理解と認識ができるようになることが重要です。トップダウンではなく、ボトムアップです。
「赤信号みんなで渡ればこわくない」は群れ集団であり、平和で民主的な国家や社会の形成者となる集団ではないということです。

③人間関係づくりに関すること

私たちは繋合希求欲求と自己充実欲求を根源的に有する存在であることが前提になる指導をすることです。

基本的生活習慣の指導で肝心なことは、児童生徒自身が「自らを恃《たの》む」ことができるようになることが大事です。

「自らを恃む（頼む）」。「たのむ」とは頼りにする、あてにするという意味です。自分自身を頼りにする（たよりにできる）、あてにする（あてにできる）ということです。自らを恃むことができるようになることが自立です。職業生活では自らを恃む（たのむ）ことができること、これが前提になります。

例えば、遅刻の回数が多い児童生徒の指導をする場合、罰則を与えることは彼らの自己肯定感を低めることになります。

人間は生物です。それゆえに基本的生活習慣は生物としてのリズムをつくります。神経生理学の観点からすれば、リズムが崩れると心身の不調につながります。つまり神経生理が不調になるということです。

人は歩きなれた道を歩き、渡り慣れた橋を渡ることが心身ともに安定しているのです。

(4) 強い心

「強い心」とは

①欲求不満耐性がある。
②柔軟な思考力を有する。
③柔軟な行動（反応を含む）をとれる。
④向社会的な対処行動が豊かである。

多少の凹凸があるとしても、これらの総和が強い心であると、私は考えます。

これらの強い心を育てるのがサイコエジュケーションです。
サイコエジュケーションは、こころの教育です。

欲求不満耐性がある

欲求充足を先延ばしにすることができることです。この人生では、いつでもどこでも自分の思うままにことが運ぶことはまずありません。欲求不満の連続、未完の行為（ゲシュタルト療法）の連続といえるでしょう。

未完の行為というのは、自分がしたかったけれどもできなかったこと、他者からしてもらいたかったけれども、してもらえなかったことをいいます。

生きるということは未完の行為の連続であるといえます。さらに未完の行為は記憶に残り、気持ちが残ります。心にひっかかりを持ちながら生きるということになります。つまり、多くの人がこのような「ひっかかり」（こだわり）を抱きながら生きているのです。これが世の中の現実です。

我慢強さを育てるには、まず親が子どもの言いなりにならないことです。子どもにエールを送りながらも、心を鬼にすることも大事です。親がいつでも自分の思うようになると思い込んでいる子どもは他人の情を知らない人、感謝を知らない人になってしまいます。

学校で我慢強さを育てるには集団の和（凝集性）を育てることです。まとまりのある集団は相互にエールを送り合えます。「頑張れ！もう少しだよ」と仲間から励まされると我慢しながら励むようになります。これらは運動系の部活動ではよく見られるシーンです。

柔軟な思考力を有する

柔軟な思考力によって強い心を実現します。

この世の中には、論理性や実証性に欠けるものの考え方や受けとり方が横行しています。例えば、人への好き嫌いがあってはならない。人に甘えるべきではない。人にしてもらったら、して返すべきである。愛があれば結婚はうまくいく。出る杭は打たれるから目立たないほうがよい。頼れる友人・先輩・親などがいなければやっていけない。あいつのせいで私の人生はめちゃくちゃだ。

これらの考え方や受けとり方について、その論理性と実証性の観点から見てみます。

「人への好き嫌いがあってはならない」という考え方は、非論理的です。このような考え方からすると、世の中の恋愛結婚は成立しません。好き嫌いは好みや、気に入って気持ちが引かれる感じの強弱を言っているのです。つまり人格判断または人格に関する評価をしているわけではありません。したがって、人への好き嫌いがあって、当然ということになります。

「人に甘えるべきではない」という考え方で、いつでもどこでも自力で事に向かおうとする人がいます。しかし世の中の現実は「持ちつ持たれつ」です。相互扶助的な精神こそ尊いものです。「お陰様」「お互い様」というような言葉はこの精神を象徴するものです。助け合う、支え合うことで人は元気になり、張り切ることができます。「人に甘えるべきではない」という考え方や受けとり方は強迫的です。

「人にしてもらったら、して返すべきである」という考え方は、論理的にみえますが、「して返すにこしたことはない」という考え方のほうが、世間一般に通用します。「べきである」という考え方は窮屈です。すなわち強迫的で、無理強いしています。報酬や代償、見返りを想定した行為は条件付きということになりますので、欺瞞性がでてきてしまいます。

「愛があれば結婚はうまくいく」の考え方は、結婚生活の諸相をとらえていません。わが国でも離婚率が高くなりました。その主たる要因のひとつは性格の不一致です。愛情至上主義による結婚観は非現実的といえます。

「出る杭は打たれるから目立たないほうがよい」というのは、円満主義になります。円満を最優先して、自己喪失につながってしまいます。自分のホンネに嘘をついてしまうことになります。実存主義の立場からすれば、これは自己疎外です。実存主義では“Courage to be.”（在りたいようにあれ）を尊重します。

「頼れる友人・先輩・親などがいなければやっていけない」という考え方は、欲求不満低耐性の思考といえます。なぜならば、自力で（自分の腕一本で）世の中を生き抜いている人は多いです。頼れる友人・先輩・親が身近にいないことは確かに心細いことです。だからといってやっていけないわけではありません。自分の腕一本を頼りに生きる「自分を恃む」生き方、あり方をしている人は多いです。このような人々からすれば、自分を恃めないとは不甲斐ないという人も多いです。辛抱できないとは欲求不満低耐性をいいます。

「あいつのせいで私の人生はめちゃくちゃ」という考え方は、悲観論者の考え方です。この世の中に私ほど不幸な人間はいない。長い年月、コツコツと紡ぎあげてきた私の人生は彼によって台無しにされてしまった。これからの私の人生はお先真っ暗だ。何もよいことは期待できそうにもない。これから私はどのように生きていけばよいのか、という呟きが聞こえてくるようです。すなわち自分自身を悲劇の主人公にしています。

柔軟な行動（反応を含む）をとれる

柔軟な行動とは、紋切り型（ワンパターン、ステレオタイプ）の行動をしないで、その場面（状況）とその瞬間を生きている自分のありのままを大事にした行動や反応をするという意味です。すなわち、強い心、自己開示的行動（反応）をとれるということです。

自己開示行動は、心理的に健康のひとつの指針で、適応していることの証しになります。自己開示の内容には感情や思考、行動の開示があり、人生における体験的事実の開示があります。最も多いものは今ここでの喜怒哀楽の感情の表明です。

自己開示することで、心理的距離が近くなります。つまりお互いが自己開示の返報をし合うようになるからです。

自己開示的な感情表現は心理状態の説明や描写ではなく、感情表明です。「感情表現練習」（138頁参照）に示すような練習を通して慣れることが必要です。

向社会的な対処行動が豊かである

向社会的な対処行動とは「他人との気持ちのつながりを強めたり、それをより望ましいものにしようとする場合にとられる行動」（『思いやりを科学する―向社会的行動の心理とスキル』

菊池章夫　一九八八年　6頁）のことです。

これとはベクトルが反対を向いているのが非社会的行動、反社会的行動といいます。

●向社会的行動の例（児童の行動例）

・欠席した友だちのためにノートを貸したり、見せてあげたりする。
・列に並んでいて、急ぐ人のために順番を譲ってあげる。
・けがをしたり気分が悪くなった友だちに保健室までつきそって行く。
・お年寄りに席を譲る。
・お年寄りの話し相手になる。
・仲間はずれになってしまったクラスメイトに声をかける。
・進んで担当以外の係の仕事でも手伝う。
・下級生のめんどうを進んでみてあげる。
・陰口や悪口を言われているクラスメイトをかばう。
・勉強で困っているクラスメイトがいたら教えてあげる。

向社会的行動、すなわち「思いやり」は人の身の上や心情について察することです。察するという行動（反応）は「共感」という言葉で置き換えることができます。共感は相手の世界を相手の目線で見るものです。それゆえに強い心の持ち主でないとできない行動（反応）です。

とかく人は自分の描いた構図（エゴ）の中で人の気持ちを理解しようとするものです。人は共感されると、自分の「気持ち」が大事にされている、「自分」が大事にされているという体験をします。これを被共感体験といいます。

共感するという能動的な行動には「受容」する行動が伴います。これには条件付きではなく、積極的で肯定的な関心を向けようとする態度が必要です。

一方被受容体験には自己肯定が伴います。つまり他者から受容されたという体験を模倣して、自己受容することになります。

思いやり行動は強い心によって実現されるものです。

アセスメント（問題把握）

問題把握のために作成したツールを児童生徒がサイコエジュケーションの教材として活用で

きるようにすることで、アセスメント自体が予防的・開発的な機能をもちます。

次に挙げる「あなた自身について」は、國分久子・國分康孝の原案をもとに、筆者が尺度化したものです。

回答はAまったくあてはまらない　Bあまりあてはまらない　C少しあてはまる　Dとてもあてはまるの4件法。

「とてもあてはまる」が多くなると、非論理的傾向が強くなります。

あなた自身について

①周りから好感をもたれようと思う。
②場の空気に合わせようと気遣いしようと思う。
③ホンネを言うのはよいが、後で心配になる。(例　傷つけたのではないかなど)
④つらいときでも甘えていいものかどうか気になる。
⑤周りとうまくやるために人の好き嫌いを表（おもて）に出さないようにしようと思う。
⑥どうして私ばかりがこんな目にあうのだろうと落ち込むときもある。

⑦気持ちを傷つけられるのが怖い。
⑧自分の弱さや感情（例　悲嘆、喜び）を表出しないようにしようと思う。
⑨非常識な人に対して気持ちがイライラするときもある。
⑩人に嫌われると自分が情けなくなる。
⑪人に甘えずに物事をひとりでやり遂げようと思う。
⑫突出しないように目立つ言動を避けようと思う。（例　出る杭は打たれる）

前頁の項目は以下のように分類されます。

円満主義
①周りから好感をもたれようと思う。
②場の空気に合わせようと気遣いしようと思う。
⑤周りとうまくやるために人の好き嫌いを表に出さないようにしようと思う。
⑨非常識な人に対して気持ちがイライラするときもある。

甘え抑制

④つらいときでも甘えていいものかどうか気になる。
⑧自分の弱さや感情（例　悲嘆、喜び）を表出しないようにしようと思う。
⑪人に甘えずに物事をひとりでやり遂げようと思う。

悲観論者
⑥どうして私ばかりがこんな目にあうのだろうと落ち込むときもある。
⑦気持ちを傷つけられるのが怖い。
⑩人に嫌われると自分が情けなくなる。

独立した項目
③ホンネを言うのはよいが、後で心配になる。（例　傷つけたのではないかなど）
⑫突出しないように目立つ言動を避けようと思う。（例　出る杭は打たれる）

感情表現練習

次の例にならって、ユー・メッセージ（Y）をアイ・メッセージ（I）に変換してみてください。アイ・メッセージとは「私」が主語になるものの言い方です。
次に、感情表現を最初にするように心がけましょう。

例　（Y）課長の説明は論理的で説得力がありますね。
（I）私はなるほどなるほどと、うなずくばかりでした。
（感情表現）得心（納得）しました、課長。

①どうしてあなたは私の教えたとおりにしないの。
変換例　残念だなぁ、私が教えたようにすればよかったねぇ。
②あなたはほんとうに気配りのできる人ですね。
変換例　ありがたいですねぇ、気をつかってくださって。
③こんなときに、よくあなたは冷静でいられますね。
変換例　わからないなぁ、よく冷静でいられますね。
④あなたは人の心をつかむのが上手ですね。
⑤もっと簡潔に説明してくれたほうがわかりやすいですね。

⑥このような取組みの重要性を周りの人にどう伝えたらいいのか、あなたに教えてほしいのです（あなたはどのようにしてきたのですか）。

●このワークをしてみて、感じたこと・気づいたことを自由記述してみてください。

●ネガティブな感情を表現するときの留意点

冒頭に「ごめんなさいね」（エクスキューズ・ミー）のような一言をそえます。

友だちとの出会い　（武南高等学校ガイダンスセンター作成）

〔友だちをイメージ〕

親しいと感じている友だちをイメージして、A「とてもそう思う」からD「まったくそう思わない」までの4段階で、次の項目に答えてください。

①あたたかい。

②一緒にいて楽しい。

③一緒にいて不自由さがない（きどり、よけいな気をつかわない）。

④自分の気持ちがわかってもらえていると思う。

⑤困ったときなど、打ち明け相談する。
⑥困ったときなど、相手も私に相談する。
⑦お互い責任をもちあっている（例　約束事、頼んだこと・頼まれごと）。
⑧お互いのいいところを吸収しあっている。
⑨相手のために自分なりにできることをしている。
⑩協同の相手としてふさわしい。

〔どう接すればいいの〕

クラスの女の子がつめたく感じるんです。このままいったら親友ができるかどうか心配です。無視されたり、いじめられたりするのではないか、と不安でたまりません。

女の子たちの間では、グループ化が進んでいて、話しかけても、グループの子じゃないと、つめたくあしらわれてしまうんです。

声をかけても素っ気ないんです。

「なんでー？」なれなれしいんじゃないのといった素振りをされてしまいました。

ひややかな態度にあうと、つらいしみじめな気持ちになります。

こんなふうになるなんて思いもかけなかったので、おかしいなという気持ちもあります。親友でなくとも、一緒のグループでなくとも、同じクラスなのだから、あいさつをして会話をかわすぐらいなことはしてもいいし、そうなりたい。

今は、クラスに行こうと思うととても気が重くてゆううつになります。今の自分には、クラスにもどって、やっていける自信がありません。

中学のときの友だちに電話したら、気持ちをとてもわかってくれて、話していて涙がとまりませんでした。

クラスの中に、一人ぽつんとしている級友を見たとき、あなたは……

「とても自分にあてはまる」(A)から「まったく自分にあてはまらない」(D)までの4段階で、次の項目に答えてください(ただし、心の中で答えてください)。

あなたのするかかわり行動について自由記述してください。

①私は声をかけたくなる。

②私は近寄らない。

③私は無関心。

④私は自分のグループに誘う。
⑤私はイライラする。
⑥私は無視する。
⑦今入っているグループから、自分自身はみださないように気をつかう。
⑧私は何かをするときには誘う。
⑨私は不愉快になる。
⑩私のグループに入れないようにする。

第六章

キャリア教育における ガイダンスカウンセリング

私は「キャリアSGE」が好きです。これはSGE（Structured Group Encounter：構成的グループエンカウンター）の原理と技法を生かしてキャリア教育をするという意味です。SGEはグループの中で、他者とのふれあいを通して自他発見をする人間成長を目的としたグループ体験です。

SGEの原理

①エクササイズを介して自己開示する。
②自己開示を通してリレーションをつくる。
③リレーションのあるシェアリング。

エクササイズは自己開示の誘発剤になります。

リレーションがついていると、お互いの防衛がとれて自己表現しやすくなります。

SGEの技法とは、インストラクション、エクササイズの展開、シェアリング、そして介入です。ここではシェアリングを十分にとりたいです。

級友同士が、進路の話を気軽にできるようになる「キャリアSGE」

キャリアSGE（キャリアに関してホンネとホンネの交流をする）が好きな理由は何か。

私自身、中学や高校のときに、仲のよい友だちと進路についてよく話をしたのです。

当時、全日制高校へ進学する人は2割弱でした。夜間高校に進学する友人も多かったです。受験のための補習にはクラスのほんの一握りの者が参加しました。

当時は、級友同士が競争相手になるという認識はまったくありませんでした。

当時、私はバスケットボール部（伝統校）に所属していました。先輩たちが使った受験参考書・問題集が後輩へ順送りにされました。赤線やメモ書きでいっぱいでした。

私は県内の公立高校ではなく、私立のミッションスクールに進学しました（昭和三四年）。

中学3年間を担任してくださった先生が英語教師で、クリスチャンだったのです。

この高校は、大学と直結していて、多くの人が内部進学をしたのです。
当時、これを俗にエスカレーター式と言いました。
私はこれに抵抗がありました。つまり楽な進学方法に後ろめたさを意識したのです。
そこで、仲間と一緒に受験勉強して、外部の大学を受験しました。
私は船員になりたかったので、航海科へ進学しました。
当時、クラス内で進路について話すというような機会は、ほとんどありませんでした。
また、外部模試を校内で実施することもありませんでした。

級友同士が、進路の話を気軽にできることを目指しているのがキャリアSGEです。

本章では、以下を扱います。

(1)職業理解と自己理解

職業（仕事）という観点から自己理解（自分探し）を促すにはどうしたらよいか、その例を示します。職業と自分自身とを関連づけて、興味の特徴（傾向や偏り）や欲求・価値観の特徴を理解できるようにするためです。

(2)職業レディネス

態度的側面と能力的側面に関して言及します。

⑶選択と適応

児童生徒は中学校や高校の選択、または職場、専修学校、短大・4年制の大学等の選択をして、その場所でうまくやっていかなければなりません。その選択と適応について記述します。

⑴ 職業理解と自己理解

小学・中学・高校のキャリア教育は、その発達段階に応じて「職業（仕事）と私」というテーマを追求します。この大テーマにそって、①人間関係・社会形成能力、②自己理解・自己管理能力、③課題対応能力、④キャリア・プランニング能力を育てることになります。

この結果として進路実現（選択と適応）に結びつくようにします。

キャリア学習を促進するには、児童生徒同士が自己表現（自己開示）し合う場面や機会を用意することが肝要です。仲間同士が自己表現し合い、それらをもとにシェアリングすることです。これをすることで、感情と思考が共有され、認知の修正・拡大につながります。さらに個人間差や個人内差についていっそう理解できるようになります。

職業（仕事）と私

●「『職業（仕事）と私』というフレーズから思いついたことを、取捨選択せずに自由記述してみましょう」とインストラクションします。

取捨選択しない理由は先入観や防衛を除去するためです。以下は生徒の記述例です。

★私のお母さんは看護師です。夜勤があって大変です。でもやりがいがあると思います。

★通学路に花屋さんがあって、季節ごとの草花に囲まれるのもいいなぁ。

★私は絵を描くのが好きです。とびぬけた才能がないと、画家は生計をたてるのが困難だといわれていますが、でもいいなぁ。

★僕は列車の運転士になりたいです。いろいろな列車に乗ってみたいです。

★警察官がいいなぁ。悪いやつをどんどん逮捕します。

★僕の家は和食と洋食のレストランをしています。両親が経営しています。いつか僕もお客さんに喜んでもらえるようなメニューをつくれるようになったらいいなぁ。

★僕はサッカー選手になって、外国の一流チームで活躍したい。

★私は動物とお話するのが好きなのです。小さいときからずっとそうしてきました。

★獣医になりたい。難しい手術にも挑戦して助けてやりたい。
★私はパンの匂いが好きです。焼きたてがいいなぁ。
★だんぜん盲導犬訓練士。目の不自由な人をヘルプし、人と犬との強い信頼関係に憧れていま
す。
★私は収入が安定した仕事をしたいです。結婚、出産しても続けられる仕事につきたいし、ずっ
と仕事をしていたい。
★私は記憶力に自信があります。一度話したことがある人はほとんど覚えています。
★私は他人の意見を素直に受け止めます。
★僕は物事に取り組むとき緊張感が出てきて、慎重になります。
★僕はチームでする仕事がいいなぁ。
★鉄橋やダムの建設などの仕事ができたらいい。男らしさを強く感じる。
★学歴によって人物評価されない職場で働きたい。
★私は静かな環境の中で仕事をしたいです。
★僕は通勤時間のかからない職場で仕事したい。
★僕は労働時間が一定な職場または仕事につきたい。

★僕は目立たなくてもよいから、地道に結果を出せる仕事がいい。
★僕は目立った役割よりも、陰で力を発揮するという働き方をしたい。
★毎日同じことの繰り返しよりも、刺激のあることがしたい。

●次は「あなたが仮に○○（例　教職、カウンセラー）になったならば（を選択したら）、あなたはどのようにしたいですか（働きたいですか）」と自由記述を求めます。以下に例示します。

★母はメークアップ・アーチストです。「人の顔はひとりひとり違うので、それぞれ違った顔に合わせたメークはもちろん、その人の魅力を最大限に引き出す職業」だと母から聞きました。メークアップ・アーチストは人を変える仕事でもあります。また、ファッションショーなどではメークは欠かせません。服に合わせたメークで服を引き立たせることはもちろん、服自体をもいっそう魅力的に表現できます。私は職場の中で男女差に巻き込まれることなく、自分は自分らしく働くことが理想です。私は働くうえで女性の感覚でしか、どうにもならない、できない場面もあると思います。

★私が特に興味があるのは百貨店の販売員だ。ただ並べられている商品を買ってもらうのではなく、百貨店という高級で上品なイメージにふさわしい丁寧な接客が求められる。言葉遣いや笑顔、立ち居振る舞いまで気を配った接客をして、私という販売員を通して欲しい品物を買ったことを喜んでもらえるようにしたい。

★私はホテル客室係の仕事を通して、お客様の笑顔を見たいです。おもてなしの心をもち、親身になって奉仕することで非日常を演出し、お客様がホテルで過ごした時間を思い出し、日常にもどっても笑顔でいてほしいと思います。たったひと時でも心のこもった接客で心を通わすことができ、笑顔の連鎖をつくりたい、何年経っても愛されるホテルにしたいです。こうすることで自分の仕事に自信がもてると考えています。

★昔から好きだった旅行というものにかかわる職業に就くことができたら、そこにくるお客様と楽しみを共有して旅行の計画を立て、予約・手配をしていきたいと思っています。自分でも未知である場所がまだまだたくさんあるので、仕事を通して知っていきたいと思います。

実際に訪れ勉強することで、仕事にも活かしたい。

★僕は駅員になりたい。駅員をしながら列車の運転ができるように勉強して試験に合格したい。列車の機関士になれれば、日本じゅうを回れる。転勤が楽しみだ。こんなことを考えているなんて、僕ひとりぐらいだろうと思う。見知らぬ土地や風土、そこに住む人々の話を聞きたい。

★僕はすごくでかい建造物を見ると、気持ちが昂ぶってくる。ダム、鉄橋、東京タワー、スカイツリー等です。小学校五年生のときに黒部ダムにつれていってもらった。それを見たときに、すごく興奮してしまいました。あの興奮が忘れられません。工事現場に何カ月も泊まり込んだり、何年も現場と自宅の往復をするようになるけれども完成したときの感激は一生忘れられないものになるだろう。みんなと協力して、ときには大喧嘩もするだろうけれども、そういう激動があって、あのような巨大な建造物が完成するのだと思います。

職業理解と自己理解との関係は二人三脚

ひとりひとりの子どもが興味をもつ職業（仕事）を通して、興味や自分の欲求・価値観を表現しています。また求められる能力についても表現しています。

実際になれるか否かは別次元のことです。

ここには子ども自身が職業（仕事）を見つめ、職業とのかかわりで自分自身を見つめ、自分の将来を描こうとすることへの関心と意欲が見いだされます。

つまり、職業理解と自己理解が相互交流しています。ここで大事なことは職業理解と自己理解との関係は二人三脚または同行二人のような感じで進むということです。

(2) 職業レディネス

職業レディネスは職業につくためのレディネスという意味です。

すなわち職業につくための準備状態があることをいいます。

準備状態の中身はその職業（仕事）に対する興味・関心、この仕事ならばうまくやれそう、やれるという職務遂行の自信のことです。

レディネスを客観的に測定する検査のひとつが「職業レディネス・テスト」（雇用問題研究会）です。テストは基礎的志向性と職業志向性を測定する質問から構成されています。

職業レディネス・テストは基礎的志向性と職業興味、職務遂行の自信の観点から測定するものです。とくに基礎的志向性は普段の生活や興味に関係したいろいろな事柄について書かれた文章をもとに、普段の興味や行動にあてはまるか否かを問うものです。

このようなことに関して、クラスメイト同士はよくみて理解しているものです。特別活動の学校行事や学級会活動の時間を通して、児童生徒は相互交流しています。すなわち、班活動や行事の役割遂行を通して、お互いの興味や行動ぶりをみています。また委員会活動や部活動・サークル活動を通して相互に観察し合っています。それゆえに、担任教師以上に友だち同士のことはお互い情報を共有しています。

この生きた生の情報源を活用することは重要です。

どのようなときに、どのような活動（仕事）や役割に興味を示し、どのように取り組んだかを情報提供し合うのです。

例えば、「クラス内で校内の合唱コンクールに向けて取り組んでいるときに、全員の楽譜づくりを丁寧にやってくれた」「学級・学年ごとのバスケットボール大会で、選手に選ばれたクラスメイトたちのマネージャー役を買って出てくれた」「彼女は、修学旅行の自由行動のために、私たちの見学コースを作成してくれた」などです。

職業レディネス・テスト

自分の進路を考えるために、このテストは、自分がどういう職業に興味をもち、どういう職業分野ならやっていく自信があるかなどを明らかにし、「職業と自分」について考えるためのひとつの材料を提供するものです。

本検査はA、B、Cの3検査から構成されています。

A検査……五十四項目から構成されています。(「職業興味」についての測定)

仕事の内容について書かれた文章をもとに、それぞれの仕事についてやってみたいか否かを問います。

※例 「ペットの犬の毛をカットしたり、洗ったりする」

「オーケストラの指揮をする」
「牧場などで家畜の世話をする」など。

B検査……六十四項目から構成されています。(「基礎的志向性」の測定)
普段の生活や興味に関係したいろいろな事柄について書かれた文章をもとに、普段の興味や行動にあてはまるか否かを問います。
※例　「学校の宿題でわからないことは参考書で調べる」
「パズルを考えるゲームが好きだ」
「宇宙へ旅行してみたい」など。

C検査……五十四項目から構成されています。(「職業遂行の自信」についての測定)
仕事の内容について書かれた文章をもとに、その仕事を将来やるとしたら、うまくできる自信があるか否かを問います。項目内容自体はA検査と同じ。
※例　「ペットの犬の毛をカットしたり、洗ったりする」
「オーケストラの指揮をする」

「牧場などで家畜の世話をする」など。

以上のように、職業レディネス・テストは職業（仕事）に関連づけて、日常生活をベースにしながら興味と自信（能力）の側面から自己点検できるようになっています。

自己点検できるとは、結果のプロフィールを「自分の手」でつくっていくという意味です。「結果」とは、職業興味と職務遂行の自信との間の一致度やギャップについて手作業を通して、実感できるという意味です。

また、これまでの日常生活における興味の傾向についてプロフィールを作成しながら実感できるという意味です。

自己点検できて実感をもてますので、生徒間で「シェアリング」できます。シェアリングは「感じたこと気づいたことを自由に話し合う（語り合う）」ことです。

自然なコミュニケーションが生まれます。

シェアリングというコミュニケーションの特徴は「感じたこと・気づいたこと」を共有することにあります。自分の気持ちや考えを押しつける、一方向に意見を導く、批判するといったものではありません。

國分によれば、ベターなシェアリングの条件は以下のとおりです。

①発言の機会が平等である。
②特定のメンバーがグループを仕切らない。
③他者の気持ちを引き出す場面がある。
④感情表現がある。
⑤自分の意見を他者に強要しない。
⑥ある特定の見方や考え方にグループを導かない。
⑦沈黙の自由がある（発言を無理強いしない）。

児童生徒にも教師にも、周囲が気づいていて、本人自身が気づいていない部分があります。シェアリングによってメンバー相互に新たな気づきがあるほど効果的です。シェアリングが効果を挙げるためには、メンバー間にリレーションがあることです。リレーションがあれば、メンバー間に防衛がなくなるので、よいシェアリングの条件が満たされることになります。その結果として、感情・思考の共有・拡大が実現されます。

(3) 選択と適応

「生きることは選択することである」(Being is choosing.) といえるでしょう。選択は悩ましいものです。

この悩ましさが生きるために役立つことを、本項で述べます。

選択する

職業を選択することは、自分の人生を方向づけるに等しい重みをもつといえるでしょう。職業生活は少なくとも人生の三分の二以上を占めます。家庭生活の礎であり、子どもの健やかな成長を支えるものです。

私たちの日常生活における選択方法の原理として、次の三つを挙げます。

①好みで選択する。

例　田舎に住むか、都会に出て生活するか。

喧騒な都会よりも自然に囲まれた静かな田舎が好き。
②損得勘定で選択する。
例　賃貸住宅に住むほうが得か、マンションを購入して住むほうが得策か。
③欲求・価値観で選択する。
例　老後は晴耕雨読の生活がよいか、趣味で始めたそば打ちでボランティアの老人ホーム回りをするか。

もちろん二者択一というよりも、選択肢はふえるでしょう。
埼玉キャリア研究会が考案した「キャリア二者択一」というエクササイズを紹介します。

エクササイズ「キャリア二者択一」

①大手銀行の頭取かロボットづくりか
②養護教諭か刑事か
③郵便配達か料理研究家か
④市役所職員か画家か
⑤秘書か盲導犬訓練士か

⑥消防士か税理士か
⑦公務員か獣医師か
⑧プロ野球選手かレスキュー隊員か
⑨開業医か救急救命医か
⑩カーレーサーか自動車整備士か

選択するときに考慮すべきは、「現時点で引くに引けない一線」（これだけは捨てたくない要素）に関する自己理解です。

自分が職業生活を営むときに、大事にしたい興味と能力、欲求・価値観は何かに関する自己理解を促すことは必要だといえます。

論理的帰結法

具体的な選択方法として「論理的帰結法」を勧めます。これは論理療法の技法です。

簡潔にいえば損得対照表を作成する要領です。

選択肢A、B、Cがあります。

Aを選択したときのメリット&デメリット、Bを選択した際の損得、Cを選択した場合の損得を対照表にして作成します。

留意点は個人で対照表をつくるよりも、親しいグループで作成することです。

損得判断は冷静にすることが肝要です。

中学生や高校生の上級学校の選択は、興味で広げて能力で絞るという方法を勧めます。

つまり、興味（好み）を核にして学校探索を広げるのです。

絞り込むときには能力を核にします。

決定するときの留意点は「鶏口となるとも牛後となるなかれ」です。

この故事のもともとの意味からややそれますが、レベルの高い学校で学力的に下位にいてヤキモキするよりも、レベルを下げた学校で上位にいるほうが、自分の諸能力を発揮できます。

また、「この失敗はあなたのすべてではない」「これが最後の選択ではない」ということを学習させることです。

受験で落ちる、就職面接で落とされると、私たちは誰もが落ち込み、悲哀を体験します。

人生から見放されたという悲哀のとりこになってしまうことがあります。

そこで「この失敗はあなたのすべてではない」「これが最後の選択ではない」ということを児童生徒に学習させることです。「打たれ強く」するのです。

このように選択することは他を捨てることになります。

それゆえに後ろ髪をひかれる思いや未練が残るのです。

適応「うまくやれている」「うまくいっている」

次は「適応」について考えます。私の言葉で言えば、これは「うまくやれている」「うまくいっている」ということになります。

個々人の意志「こうしよう」「ああしたい」といったものがあり、充実感や張り合い感を体験し、その場が心の居場所になっているのです。

適応は順応と意味合いが違います。

順応は環境に染まっているという意味です。これはオートマティックにそうなるのです。

ここでは環境の良し悪しが問題視されることはありません。また、新しい環境で生きる場合に、多くの人はリアリティ・ショックを、程度の差はあれ、体験します。これは現在地で体験するもので、「こんなはずではなかった」という体験のことです。

オープンキャンパスに参加し、現地（入学したい高校や大学）を見聞し、そこで生活している教師や生徒・学生からいろいろな情報提供を受け、肌で感じとります。

しかし、これは喜怒哀楽の伴う生活感情とは異なります。

リアリティ・ショックは生活してみてはじめてわかる違和感のことです。ありていに言えば、広告と現物や現地との差から生まれる違和感やショックのことです。

高校や大学では、毎年数パーセントの生徒や学生が中途退学します。表だった理由は進路変更、修学困難等です。私立学校の場合には経済的理由が目立ちます。

これらの背景にはリアリティ・ショックがあると推測されます。

人は生き物なので、この違和感には敏感になる傾向があります。

困惑し、途方に暮れる心理的状況が再び迷いを生みだします。

つまり、選択には未練や後ろ髪引かれる思いがつきものであるといいました。

これらがリアリティ・ショックによって蘇るのです。

これがひどくなると、後悔になってショックをいっそう増幅することになります。

全国の高校中退率は約２・５％です。大学の場合にはもっと高率になります。

では、これに対してどのように対処したらよいのでしょう。

教師や教育カウンセラーが、このリアリティ・ショックという問題を授業場面等で積極的に取り上げることです。

「これから『入学してみて、今感じていること、気づいたこと』といったテーマでシェアリングします。前後左右の人と2人～4人1組のグループをつくって始めましょう」とインストラクションします。

児童生徒や学生はどのように話したらよいか戸惑います。

そこでデモンストレーションが必要になります。

「(教師またはカウンセラーが) 私はね、まず制服に違和感がありましたね。当時の高校の男子生徒は黒の詰襟の学生服でした。私は紺のブレーザーだったので、なじめませんでした。他人の視線が気になりだしたのです」。

「もうひとつは、朝の電車の混雑でした。登校時刻が8時でねぇ。通勤ラッシュに遭遇し、1時間我慢するのは苦痛だったなぁ」。

この語り合いはシェアリングなのです。

ひとりひとりが語り合うことで、感じていること気づいたことを共有することにねらいがあります。生徒や学生はいろいろな角度から、リアリティ・ショックを語り合います。

そして「自分ばかりではなかった」「他の人も同じなのだ」と気づいて、緊張感が安堵感に変わっていきます。

「怖そうな先輩が気になります」「勉強が難しそうで、ついていけるか心配です」といったものも出てきます。

もうひとつの試みは前述した教師またはカウンセラーの一問一答の自己紹介です。

これには副次的な効果があります。つまり被援助的志向性（困っているので相談したい、わからないから教えてもらいたいという気持ち）を高めます。話してみよう、聞いてみよう、教えてほしいという気持ちを引き出すところにねらいがあります。

さて、第5章で提示した「出会い」の教材はこのような被援助的志向性を高め、現実的ショックを予防することにも活用できます。

リアリティ・ショックをクリアするための試案

以下に示す取り組みを学年や教科ごとに1週間ぐらい試みたらどうでしょうか。

○座席の決め方

朝と帰りのときには固定席に座る。

授業時間では、固定席から離れ意図的に他へ移動する。


授業時間で、担任をはじめ、教科担任は次のようなエクササイズを試みる。

エクササイズ「教えて……」

●ねらい……相手の身になる。
生きる過程で避けられないことがある。それは別れである。

仏教の言葉「愛別離苦」に似ている。別れには哀しみが伴う。

哀しみに出会ったときに、人は途方にくれる。

人によって、その程度はさまざまではあるが、このときの出会いは、その後の関係に影響する。歓びにつながる出会いをしたい。

●基本形2人1組
親しくなりたい、仲良くなりたいという気持ちで、問いかける。

話し手は次から話題をひとつまたはふたつ選択する。

前の学校生活（またはクラス）で体験したことの中で、
①一生懸命取り組んだこと
②助けてもらったこと
③迷惑をかけたこと・して返したこと
④ありがとうと感謝したこと
⑤したかったけど、できなかったこと

聞き手はうなずきながら聞く。
ときどき「それから（それで）……」といって話を促す。

このように聞く、答えるといった感じで3分間のデモンストレーションをする。
時間がきたら聞き手を交替する。

以上の要領で展開する。

両者が終わったところでシェアリングする。

「感じたこと気づいたこと」と板書し、5分間の時間をとる。

（留意点）

①遠慮せず、聞き過ぎず。

②話し手の話をとらない（自分のことに置き換えてしまうこと）。

③脱線させない。

④周囲に気を奪われない。

⑤一方の人は聞かれたことだけに答える。枝葉をつけない。

⑥答えたくない、答えられない、答えると支障があるという場合は、「パスしたい」と言う。

語り合いが展開されている過程で、次のような状況のときには教師は机間で指導する。

①沈黙が続く。
②話が盛り上がりすぎる。
③脱線している。

以上のような体験をすることで、クラス内の人間関係の広がりを促進します。最初から授業時の座席を固定化すると、授業における人間関係が固定化してしまい、関係づくりの苦手な子どもは気まずさや孤立感を体験し、途方に暮れることになります。

第七章

学級運営に生かすガイダンスカウンセリング
―カウンセラーの動き方―

学級運営の根幹は学級づくりにあります。

どのような「学級づくり」をするのか、思いを巡らすことは学級担任にとっては楽しみの一つであり、また、悩ましいことです。学校目標や学年目標を念頭に置きながら、熟考するわけですから。

学級運営を一人の学級担任に、すべて任せるのではなく、擁護するガイダンスカウンセラーとしての動き方に焦点をあてます。ガイダンスカウンセラーは指南する人ではありません。伴走しながら援助する擁護者（アドボケイター）です。

例えば、アセスメントの結果について、その意味を説いて聞かせるだけの援助は、周囲の教師の真の援助にはなりません。むしろ反感をかってしまいます。

最も好ましくないのは講釈することです。

本章では、ガイダンスカウンセリングの観点から、児童生徒がふれあいと自他発見をし、ひとりひとりの自己肯定感が高まるような学級づくり、ひとりひとりの児童生徒が機能的行動をするようになる学級づくり、学級集団としての成長を目指す取り組みを述べます。

(1) ふれあいと自他発見・自己肯定感

ふれあいとはホンネとホンネの交流を意味します。

ホンネは感情のことなので、ふれあいは感情交流のある人間関係を意味します。

構成的グループエンカウンター（SGE）

構成的グループエンカウンター（Structured Group Encounter, SGE）の目的はふれあいと自他発見です。

エクササイズやシェアリングをしながら、児童生徒同士、子どもと教師が相互にふれあい、ふれあいを介して自他発見していくのです。

その原理は３つあります。（國分久子）

①エクササイズを介して自己開示する

②自己開示することでリレーションを形成する

③リレーションのあるシェアリングをする

構成的グループエンカウンターはつきつめるとメンバー同士の自己開示に尽きます。エクササイズは自己開示の誘発剤であり、相互の自己開示がふれあいと自他発見を促進します。自己開示の内容の深浅や幅を調整するものがエクササイズです。

ＳＧＥにおける「ふれあいの過程」（グループ過程）は、具体的には以下のようなものです。

①話しやすかったか。

例　ふれあいが浅いときには、緊張感や戸惑い、困惑、迷いが起きてきます。

②自分のことについてすんなり話せたか。

例　表面的な関係の場合には、ためらいが起きてきます。

つまり自己を語ることを躊躇し、それ自体が妨げられます。

③言いたいことが言えたか。

例　ふれあいが進むと、感じたことや気づいたことを言えるようになります。

④自分のホンネを話したか。

例「そう言われてつらかった、嫌だった」「実は、私苦しかった」と、自由な感情表現ができるようになります。

⑤居心地はよかったか。

例　気分がよいとか、悪いとかいう意味です。

このグループの中に居場所があるかといった感じをいいます。のけもののようですと、居心地は悪くなります。自分の理解者がまわりにいるという意味になります。

⑥受け入れてもらったという感じがしたか。

例　被受容体験をいいます。条件付きではなく、無条件に、あるがままの自分をそっくりそのままに受け入れてもらっているという実感をいいます。ここでは見栄を張ることもせず、自分のウィークポイントを隠す必要もありません。いい子ぶることもありません。

短所・長所をもつ一人の人として受け入れてもらっているという実感のことです。

⑦自分のことを聞いてもらったという感じがしたか。

例　これは⑥に似た実感です。自分の話すことに、じっくり耳を傾けてもらっている。このような自分の話すことを真剣な態度で、かつ善悪判断することもせずに聴いてもらえているという実感です。

⑧気持ちはスッキリしているか。

例　自分の気持ちにわだかまりがなくなっているという意味です。本当に言いたいことが言えないと、気持ちはスッキリしません。未練が残ります。後悔に似た感情が湧いてきます。自分に嘘をついたような気持ちが出てきて、残念さが残ります。

⑨リラックスしていたか。

例　遠慮、緊張、懸念、ためらい、わだかまり等があると、心身がリラックスしません。気遣いをしていると、心身が疲労感を呈します。

⑩エクササイズにすんなり取り組めたか。

例　エクササイズへの抵抗の有無を指しています。

身体接触に嫌悪感を持つメンバーならば、「トラストウォーク」「トリップ・トゥ・ヘブン」のようなエクササイズには、すんなり取り組むことはできません。またリレーションが形成されていない関係の中で、深い自己開示を求められるエクササイズに取り組むことにはためらいや困惑が起きてきて、抵抗なく取り組むことができません。

⑪対話（言語および非言語で）がはずんだか。

例　ＳＧＥのエクササイズは社交会話のようなものではありません。「対話がはずむ」というのは相互に、自由に自己開示が進んでいるということです。メンバー相互の無条件の肯定的関心と、非審判的態度によって対話が進んでいるという意味です。

グループ過程において、メンバー同士がひとりひとりの感情体験の違い、考え方や行動の仕方の相違に気づくことになります。体験的に気づくことができます。これが相互の自他発見につながります。

自己主張することに躊躇しないメンバーが、自己主張ができないメンバーの感情体験に気づくと、知らずしらずのうちにサポートする側に回ります（補助自我といって、介添え役をすること）。つまりこのようなプロセスを通して自他発見が誘発されます。

SGE体験の何が参加者の自己肯定感を高めるのか

昨今では、学校教育で子どもたちの自己肯定感を高める教育実践が求められています。日本の児童生徒の自己肯定感は国際比較するともっとも低いのです。自己肯定感は自分で自分のことをどう思っているか、自分に対する感情的・価値的態度のことです。自己肯定感はどのような体験をすることで高まるのでしょうか。

筆者は、SGEを実践しながら、一方で、これを研究し続けてきました。参加メンバーの自己肯定感に関するリサーチもしてきました。田島聡、加勇田修士、吉田隆江らと共に、SGEの効果研究という観点からこれを行ってきました。

確かに「SGE体験後」の参加者の自己肯定感は高まります。SGE体験の何が参加者の自己肯定感を高めるのか、明らかになっていませんでした。

SGE体験（ふれあいと自他発見の体験）のプロセスを綿密に明らかにするために、筆者は、ふれあい体験のプロセスを「体験過程」と命名し、体験過程の研究をしています。

体験過程は、グループ過程（集団を介した他者とのふれあい）と個人過程（集団を介して自分自身とのふれあい・向き合うこと）になります。

ＳＧＥ体験過程が参加メンバーの自己肯定感に与える影響について研究しました。その結果、グループ過程が影響を与えることが明らかになりました。自分自身とふれあう、向き合う個人過程は、参加者の自己肯定感に影響を与えていませんでした。

ＳＧＥ自己肯定感尺度（Self Esteem Scale）（筆者作成）

●参加者の自己肯定感の測定

１因子構造であり、クロンバックのα係数は.802。構成的概念の妥当性もあります。尺度項目は、７項目構成で４件法によって回答を求めるもの。

※項目作成のための参考図書

『自己意識の心理学』（梶田叡一　東京大学出版会、一九八八年）

『自己評価の心理学』（クリストフ・アンドレ＆フランソワ・ルロール著／高野優訳　紀伊國屋書店、二〇〇〇年）

●対象

國分康孝・國分久子両先生らと開催した宿泊制ＳＧＥ体験コース・ワークショップ２泊３日

の参加者。成人30名（男性10名、女性20名）（ＪＥＣＡ主催）

●尺度項目

①私はだいたいにおいて自分が好きである。
②私は自分を得意に思うことがある。
③私は周囲の人から気に入られていると思う。
④私は自分に失望ばかりしている。
⑤私はこれからも自分の道を切り開ける自分だと思う。
⑥私はまわりからうとんじられていると思う。
⑦私はだいたいにおいて自分の言動に満足している。

（逆転項目は③・④・⑥の３項目です）

※本研究は日本教育カウンセリング学会第７回研究発表大会発表論文集に掲載(七〇―七一頁)。

ガイダンスカウンセラーが教師の学級運営に向けて援助する場合の方略（方針、作戦）

①児童生徒の自己肯定感を高めるには、体験過程（特に、グループ過程）を注視するように示唆する。

②日々の児童生徒の行動を参加的観察することが肝心であることを示唆し、参加的観察法について強調する。

③ふれあいは、人間関係の中で生きる子どもの心理的自由を促進し、メンタルヘルスを向上させる。

④心の健康が児童生徒の健康な身体づくりに影響することを強調する。

⑤児童生徒のふれあいを促進するには、ふれあいの過程に着目することが最も大事であり、そのことが良好な効果を生み出すことを、手を変え品を変えて繰り返しサジェスチョンする。

⑥ＳＧＥのワンネス・プログラムないしウィネス・プログラムを紹介する。
これらは、リレーション形成に効果的です。

(2) 児童生徒の機能的行動と適応促進

学級担任は学級という場において、日常的に生徒指導をします。

その目的のひとつは、児童生徒が機能的行動をできるようにするところにあります。

機能的行動とは、プラン・ドゥ・シーに裏打ちされた「効率的かつ効果的」な行動です。目標をもった行動や自己啓発的な行動といえるでしょう。これを裏打ちするものが、所属感（自己有用感）、充実感、張り合い感、自己効力感、自己肯定感、自己信頼感といった実感です。

この機能的行動を育てる援助者側にある哲学的背景は、プラグマティズムです。

児童生徒の機能的行動は学校教育への適応を促進します。この適応はまず学級への適応から始まります。学級は「社会的存在として児童生徒が学び、生きる場（設定された環境）」を意味します。社会的存在というのは、自己を生き（個性化）、関係を生きる（社会化）存在という意味です。両者は児童生徒の別々の生の過程をいうのではなく、児童生徒が撚り糸で、「社会的存在」を織り上げるものです。

学級担任は、学級を通して、児童生徒の個性化と社会化を促す教育指導をすることになりま

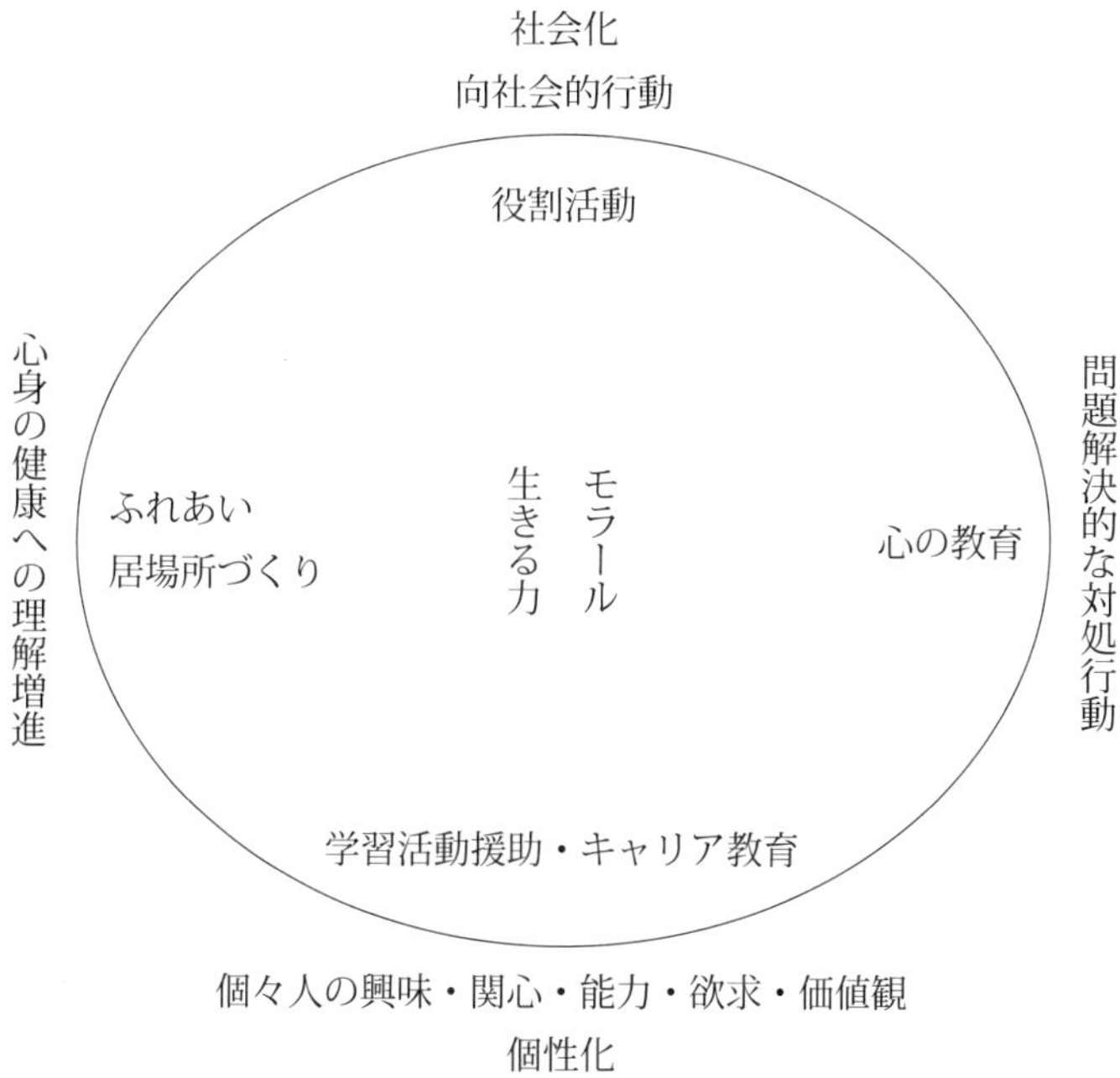

図1　児童生徒の適応を促す学級づくりのねらい

す（図1）。これは学級担任が保護者と連携・協力しながら進めるものです。

　児童生徒の機能的行動を育てるためにどのような指導が必要なのでしょうか。

　子どもの側からいえば、どのような内容を学習すればよいのでしょうか。

　以下4つの学習が、効率的かつ効果的に進められることが必要です（図2）。

①教科の学習

②キャリアの学習

③心理・社会的学習

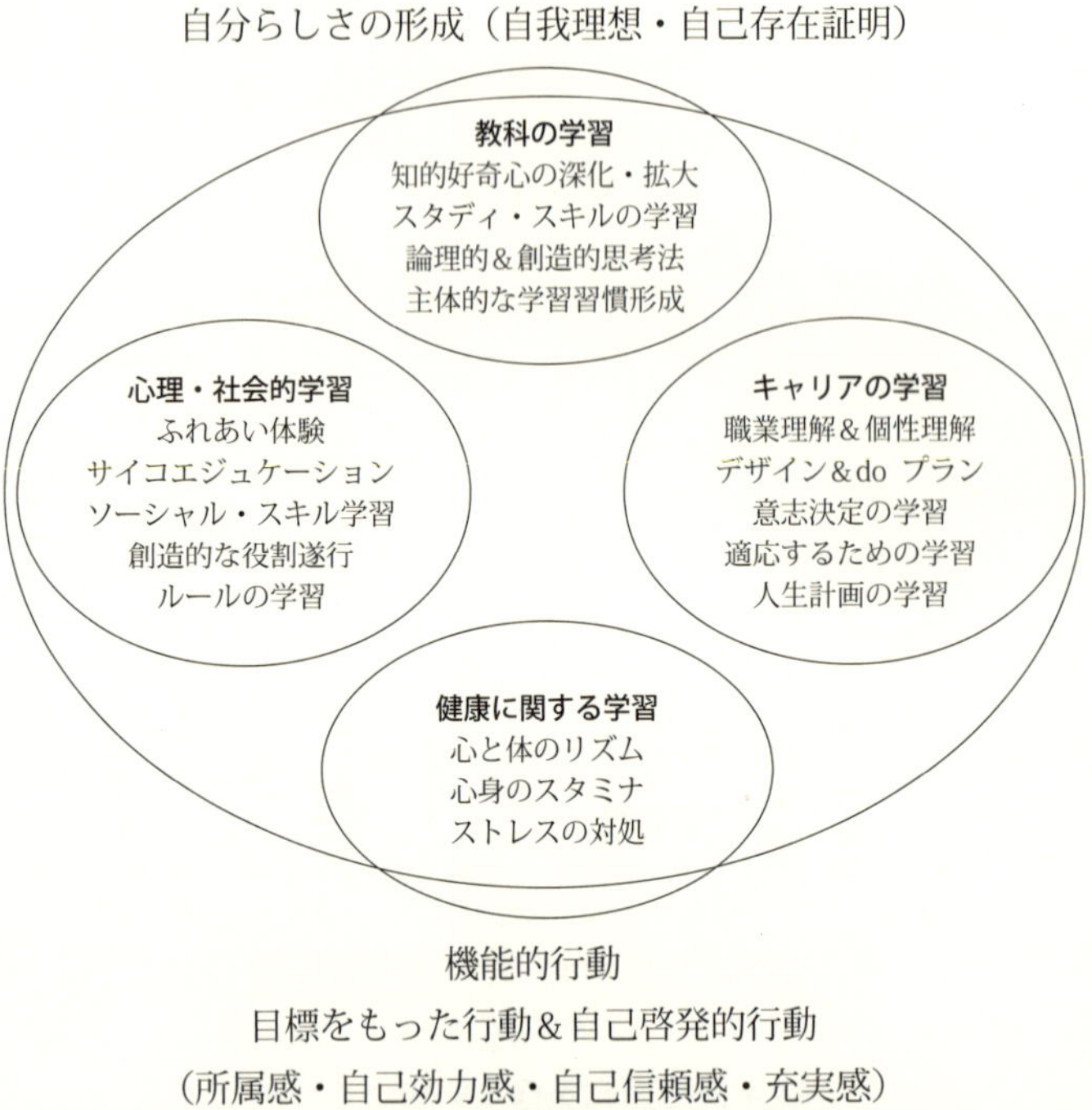

図２　児童生徒の機能的行動の概念図

④健康に関する学習

そのための心理的援助をすることが学級担任に求められます。

４つの学習の中で、疎んじられる傾向にある学習が実はキャリアの学習です。中学・高校では、キャリア学習が、受験指導に置き換えられ、受験科目の教科学習に代替えされてしまう傾向があります。

この種の傾向は国際比較をしてみると、日本的特徴と言えます。自校のＰＲに真っ先に出てくるのが進学率です。進学率も大事ですが、その進学率を生み出したプロセス、つまり指導の中身を丁寧に紹介することが良心的といえるでしょう。

図2の4学習のプロセスを丁寧に紹介し、児童生徒が自分の問題として、どのように取り組んだのかを詳細に紹介することを期待したいです。

教師ひとりひとりが子どもの機能的行動をどのように育てているのか、受験生やその保護者が情報として入手できます。

生徒理解の着眼点

児童生徒の機能的行動を育成するためには、生徒理解が欠かせません。

生徒理解の着眼点を示します。(図3)

①子どもの内面の理解……思考（認知）・感情・意志と欲求に関する理解。

②家族関係の理解……親との関係、きょうだいとの関係に関する理解。

③友人関係の理解……孤立していないか、排斥されていないか、仲のよい友人がいるかなどに関する情報の収集、必要に応じて指導。

④学級環境の理解……学級集団の力動的理解。

例　Big we, small I.（個人埋没型）同調圧力が強い。
Big I, small we.（個人支配型）特定の個人によって学級が強い影響を受けている。
⑤学校環境・地域環境……児童生徒は学校環境や地域環境の影響を受ける。
「孟母三遷」という教えもあります。

学級担任に向けて、カウンセラーの立場からできる支援

①休み時間や放課後のリーチアウト。学級（教室）は情報の宝庫。
参加的観察やチャンス面接。連絡帳や日記、描画から感知・察知する方法の勧め。
②学級担任らとざっくばらんに懇談しながら情報収集。
報告・連絡・相談は細やかに。あら探し的にならないように留意。
学級担任の擁護者を目指す。
③テスト・バッテリーによる学級集団のアセスメントの勧め。
そのために複数のアセスメント法を学習しておきたい。
④家族関係や友人関係の調整について学級担任らと懇談。

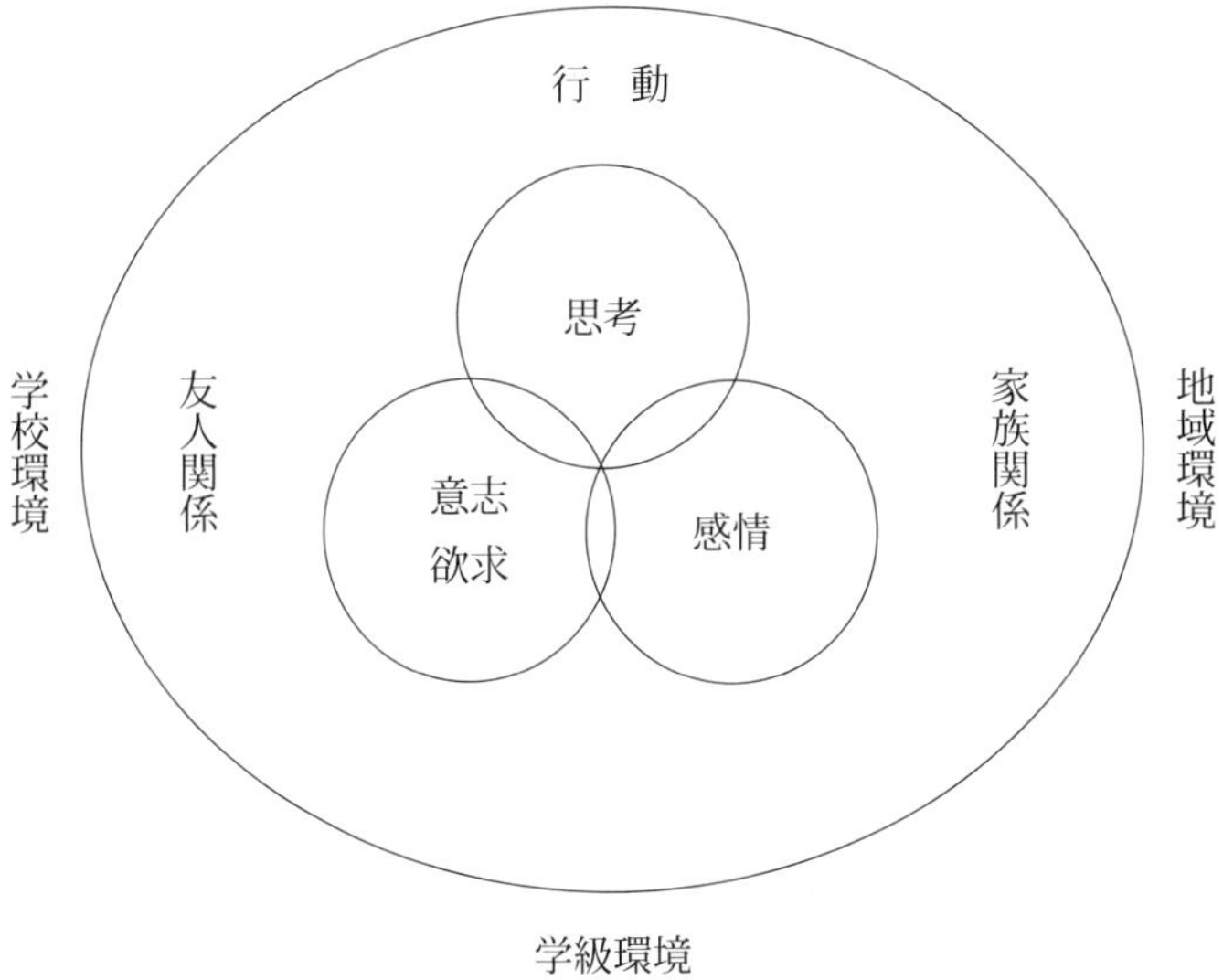

図3　生徒理解の着眼点

(3) 学級集団の成長

集団の成長で、まず、考えられるものは、集団の「凝集性」と「問題解決」の2側面です。

集団の「凝集性」（ふれあい因子）

凝集性とはまとまりのことです。あるいは「和」のことです。

①サブグループが固定化せず、グループが一つになっている。

サブグループの固定化とは、いつでもどこでも、ある特定の人同士で一緒に行動し、関係が緊密になっている状態をいいます。サブグループにとっては、学級としての集団は疎ましく感じられてしまうのです。

②仲間に対して受容的・共感的である。

仲間同士が受容・被受容体験、共感・被共感体験を共有していることを示します。

受容は相手の長所も短所もそっくりそのまま受け入れているということです。

共感は、自分の考え方や価値観は一時的に脇において、仲間の話を聴くということです。

③仲間同士が自分の思いや気持ちを、臆しつつも口に出している。
お互いが自己開示的で、自己主張的である。これらはアイネスです。

お互いがアサーティブネスなのです。生産的論戦ができる関係でもあります。
④各メンバーの動静を全員が承知している。
お互いが個々人の事情や、今どうしているかに関する情報を共有しているということです。

例えば、授業開始時にA君が在席していないとします。

「A君の姿が見えないなぁ」と先生が疑問を呈したとき、あちらこちらから、「前の体育の授業でけがをして、今保健室に行っています。けがはたいしたことありません」というように。
⑤自己開示の深浅、発言頻度数、ふれあいの度合などの個人差を許容し合っている。
仲間同士が仲間を画一化しないで、個々人の違いを認め合っている、許容し合っている。

仲間同士のふれあいには個人差があってはならない、一様でなければならない。これらはイラショナル・ビリーフ（非論理的思考）です。どのような子どもにも、言うに言えないこと、各人の事情があるのです。発言が少ないからといって、考えていないか、感じていないかというと、そうではありません。

集団の目標達成または問題解決（問題解決的因子）

集団には何らかの目標があり、それを達成しようという動きがあります（問題解決）。この要素がない集団を「群れ」（単に集まって群れている、俗称烏合の衆）といいます。よい集団は個々人が目標達成に意欲的です。

①それぞれのメンバーがグループのために何らかの役割を分担し、こなしている。

役割は権限と責任のことです。権限はしていいこと（してはいけないこと）、積極的にすべきことです。責任はしたくなくともせねばならぬことをいいます。

集団はこのようなひとりひとりの権限と責任から構成されているのです。役割を奪ってしまうことは、ある意味でその個人の存在を無視することになります。学校教育では、よく一人一役といって、全員に役割をふって、その遂行を求めます。役割遂行を通して関係が形成され、関係が役割遂行を容易にします。特別活動の根幹はこの役割遂行にあります。

②メンバーは互いに介添え役・代弁者・弁護役を心がけている。

互いにカバーし合う（協力）ということです。

介添え・代弁・弁護は、協働に欠かせないものであり、目標達成、問題解決には必須の要素です。目標達成、問題解決は、互いにカバーし合うという要素が決め手になります。

この要素は集団の和に影響を受けるわけです。

③個人的な問題でも、他人事ととらえず、みんなで解決しあおうとしている。

目標達成や問題解決のプロセスで、個々人が遭遇する問題のほとんどは、公共性があります。「明日は我が身」は多くの人にも共通する問題であるという意味です。

一匹狼的態度や役割遂行の仕方は、集団の和が損なわれ、達成力または解決力が減少します。

④個人的に相談したりされたりしたことでも、オープンにし、共有しあおうとしている。

集団の中にペアリングがあると、個人的に相談したりされたりで、終わってしまうことがしばしばです。このようでは解決法や対処法の共有ができません。問題に遭遇したときに、その問題が極めて個人的である場合とそうでない場合（公共性がある問題）があります。誰もが抱える問題というのは、オープンにしたほうがメンバー相互間で模倣学習ができます。

⑤発言や行動を無理強いせず、沈黙の自由を尊重し合っている。

これは集団のひとりひとりの主体性を重視する例です。

強いられた発言や行動を繰り返す過程では、子どもたちの意識性（または志向性）と責任性が薄れます。やらされている、させられている発言や行動は、その人自身から遠くなったものです。自分自身から遠くなっている発言や行動には欺瞞性が伴ってしまい、責任感が薄れていきます。

集団のリーダー学級担任に向けてのガイダンスカウンセラーの援助

①学級の児童生徒との間で、担任の愛情交流に凹凸がないかの自己チェックを勧めます。

例　小学校の場合には、ひとりひとりの子どもと1日1回は話す。

担任の側へ行きたくても寄っていけない子どもをチェックします。

②児童生徒間の調整役をこまめにします。

③発言の少ない子、自己主張の乏しい子、言動の遅い子などに対して、必要に応じて補助自我になります。子どもたちはこれを模倣します。

④構成的グループエンカウンターの体験学習を勧めます。

⑤特定の子ども同士のペアリングに対する介入法（割り込み指導、応急指導）について、共同作戦を講じます。

(4) 担任のリーダーシップ

学級担任は、学級集団に向けて、リーダーシップを発揮します。

学級担任が、どのようなリーダーシップを発揮するかによって、集団の問題解決の意欲や状況、集団のまとまり、集団の中で、ひとりひとりの子どもがどのように育つかは異なってきます。もっとも悲惨な状況が学級崩壊です。

昭和二十年（一九四五年）太平洋戦争の敗色が濃くなりました。日本の首脳部は太平洋艦隊を沖縄へ向けて発進させました。

山本五十六は連合艦隊司令長官を務めました。

〝してみせて、言ってきかせて、させてみて、ほめてやらねば人は動かじ〟

その彼の言葉は、彼のリーダーシップ論です。

一九五〇年代以降の米国で、黒人の市民権獲得のための運動が盛んになりました。

これをリードしたのがマーチン・ルーサー・キングJr.でした。
メソディスト教会の牧師であった彼が、この市民権獲得運動をリードしたのです。
彼のリーダーシップのベースにあったものは、愛とパワーでした。
「ワシントン大行進」は、この運動を象徴する最大かつ衝撃的な出来事でした。

以下に紹介するリーダーシップ・スタイルは組織心理学の領域で研究されました。

リーダーシップ・スタイルとしてよく知られているものが3タイプあります。

①トップダウン方式（上意下達式）
トップの意向が下へ下へと伝達され、下位の人はそれを無条件に受け入れ従うのです。

②ボトムアップ方式
メンバーの意見を吸い上げて、目標達成に生かそうとする方式です。

③折衷方式
トップダウン方式とボトムアップ方式とを、目標（問題）やメンバーの能力、集団の置かれている状況等を考慮して、トップダウンとボトムアップの長所を折衷するスタイルです。

リーダーシップ研究で功績を残した三隅二不二は、ＰＭ理論について考察しました。

Ｐ（performance）は遂行・目標達成です。

Ｍ（maintenance）は維持・保全です。維持・保全は集団の凝集性のことです。

彼はこの2軸を縦軸と横軸として、リーダーシップ・スタイルを考案しました。

SGEのリーダーシップ

筆者は長年構成的グループエンカウンターのリーダーを務めてきました。従って、カウンセリングの予防的・開発的グループアプローチの観点からリーダーシップに関して提言します。

ＳＧＥのリーダーは能動的です。能動的なので、ファシリテーターとはいわずに、リーダーという言い方をしています。

ＳＧＥのリーダーはインストラクション（教示）や介入（割り込み指導）に関して能動的です。以下に提言します。

①「proactive」や「reactive」という概念

「proactive」は、展望すなわち目的地を観ることに積極的であることを意味します。「reactive」は、相手の反応を感知・察知することに能動的であるという意味です。

伴走を例にとって詳しく説明します。プロアクティブのほうの伴走は、走者を前に出して、伴走者は横か、やや後方につくのです。走者が前方を展望するように仕向けるわけです。

伴走者が横につくときはペースを上げるときです。

伴走者が走者の少し前に出て伴走するときは、これは寄り添うわけで、「もう少し、もう少し」と心の中で激励しているわけです。

②待機

走者が疲れ、走る力を失っているときには、伴走者は走者の横に座り、「疲れたなぁ……」「よく走ったなぁ……」とつぶやくように言うのです。伴走者自身もかなり疲れるのです。

両者の間では、無言や沈黙が長く続きます。走者や伴走者の心の中には、各人各様の思いが去来しています。走者は座りながら頸を下に落とした感じになります。

項垂れて休息するわけです。ひどい疲れが遠のくにつれて、頸を上げるようになります。すなわち、これが待機です。

各人各様の思い（内的世界）を無言や沈黙しながら観ているわけです。

伴走者が無言や沈黙による待機から踏み出そうと、「行くかぁ」と立ち上がるタイミングは絶妙な感覚です。このとき、走者は巡らしていた思いを断ち切り、再び前方を見据えるということをします。前方を見据えるという行為は自分を前に出すという行為です。走るという行為へ向けた「挑み」です。

この挑みという選択を容易にするのが伴走者への信頼です。

伴走者が「そろそろ行くかぁ」と言います。

走者が「（そうですね）行きますかぁ（走りますか）」と言い出すのです。

この２種類のアクティブを提唱したのは國分久子先生が師事したムスターカスです。

私は、ＳＧＥのグループ・アプローチのリーダーのリードの仕方や、特定の個人をフォローするときの介入法に応用しています。

問題を抱えながらも動き出せないメンバーに対して、ムスターカスのいう「忍耐強い待機」つまり、リアクティブな接し方（介入）をします。

Being-in というあり方で、メンバーに寄り添い、彼の内的世界を共に漂うのです。

前述の伴走の例でいえば、

「十分に休めたかなぁ、どうだろうねぇ。いやぁ、伴走している私のほうも疲れたねぇ。君はよく走ったねぇ。ほんとうに……」。

「そうそう、○○の辺りで君のペースは落ちたねぇ。いや、実はねぇ、私のほうもペースが遅くなっていたんだぁ。ここで休んだので、幾分盛り返してきたけど……。君はどう？」。

③リーダーがデモンストレーションする

山本五十六の「してみせて」「いってきかせる」は、リーダーがデモンストレーションすることをいいます。経験を積んでいても、子どもの前でしてみせることは、緊張するものです。無意識のうちに、「うまくできればいいなぁ」「うまくいけばいいなぁ……」と思っているので、緊張感が出てきて、不自由さが生まれてしまいます。

このような緊張感や不自由さを実感するのは如何ともしがたいことです。

デモンストレーションで大事なことはうまくしてみせることではありません。うまくいってもいかなくても、そのことには関係なく、そこから児童生徒がねらいや方法を理解できればよいのです。教師が口頭で説明するよりも、ずっと具象的に理解できます。

④サブ・グループの固定化（ペアリング）を防ぐ

模倣学習や体験学習にはグルーピングが伴います。リレーションが形成されていないときには、子どもたちがある特定の級友とグループをつくりたがります。「まだグループをつくったことのない人と組むようにします」と必要に応じて教示します。このようにすることで、ペアリングを防げます。

学級で新しい試みをするときは、子どもたちのレディネスが必要

学級で、新しい試みをしようとするときには、事前に子どもたちのレディネス（こころの準備）を計画的につくる必要があります。その例を挙げます。

①反応のサンプリング

新しい試みをするときには、あらかじめ子どもたちの反応を調べること（反応のサンプリング）が大事です。いきなり実施すると、躊躇や疑問が抵抗となって表出されるからです。子どもの興味・関心の度合、抵抗（不満）の度合と抵抗の中身を調べ、反応を収集します。これを考慮にいれて、新しい試みを実施します。すなわち、子どもの目線を借りるわけです。主体が児童生徒なので、子どもの知恵を生かすわけです。

食糧製品をつくる会社で新食品を売り出すときには、多くの場合、試食会をセットします。反応のサンプリングはこれに似ています。

②ネゴシエーション（negotiation　交渉する、協議するという意味）

十分な協議や交渉はよい結果を生みだします。

「喰わず嫌い」という抵抗や反対を予防し、子どもの意見を実施に向けて生かすためです。事前に児童生徒とネゴシエーションすると、この試みは担任の独断専行だという受け止め方を防げます。子どものほうでも協力的になります。

③望ましくないペアリング

心理教育的な課題をするためにグルーピングが必要な場合、必ずといっていいほどある特定のクラスメイトとグループをつくるという現象、ペアリングが起こります。前述の「まだグループを一緒につくったことのない人とグループになりましょう」という教示は有効です。

しかし、それでも望ましくないペアリングが起きてきます。

そこで、以下に述べる児童生徒の「対人関係欲求」タイプを考慮して日頃の観察をするとよいでしょう。

「対人関係欲求」タイプ

社会心理学者ウイリアム・シュッツは対人関係欲求理論を構築しました（一九五八年）。人は対人関係をつくるときに３つの欲求のいずれかが影響するというものです。

各欲求には能動的な面と受動的な側面があります。

①包容への欲求（相互性を重視し、楽しい関係をつくりたい）……包容関係

例　友人と一緒にいるようにしている。いろいろなグループへ声をかけ顔を出す。友人から行事や活動に誘ってほしい。みんながする活動に加えてほしい。

②統制への欲求（支配―服従という関係において満足する関係をつくりたい）……統制関係

例　自分が望むやり方や考え方を他人にもしてもらいたい（させたい）。自分がやることを他の人たちに決めてもらいたい。やすやすと引っ張られる。

③情愛への欲求（ふれあいのある関係をつくり維持したい）……情愛関係

例　私はふれあいをもつようにしたい。親しい関係（仲良し）をつくりたい。私は人から仲良くしてほしい。親しくしてほしい。

子どもたちの具象的な反応や感想の収集

おもしろかったか、楽しかったか、うまくいったか（できたか）というような問いかけは結果を見るための資料の収集です。

学級運営上の数々の実践や取り組みをしたときには、プロセス上の具象的な反応や感想を収集します。

以下、例示のような具象性を伴った内容の感想を収集することを勧めます。

・どのようなところ（こと）がおもしろかったですか。
・どのような状況のときに、どんなふうに楽しかったですか。
・どのような状況のときに、あなたはどのようにしたかったのですか。
・その結果はどのようになりましたか。

このようなデータから、取り組んでいる過程での子どもの表情が見えてきます。

学級運営における担任のリーダーシップについて述べてきました。

カウンセラーは次のような観点からカンファレンス（協議）しましょう。

○リーダーシップを発揮する行動で、得意な例や不得意な例を挙げてもらって、強みや弱点の対照表を作成します。表にすると、説得力が出てきます。
○リーダーシップを発揮したプロセスで、個々の児童生徒の「育ち」を一覧表にすることを勧めその作業に協力しましょう。
○「忍耐強い待機」をしているとき、その子どもに対してどのような感情が湧いてきたか、その時・その場面での感情分析を手伝います。

第八章

カウンセラーの自己理解と基礎的な援助技術

カウンセラーは自分の偏りを自己理解しておく必要があります。偏りを自己理解していないと、被援助者に対して不利益を与えかねないからです。

不利益の最たるものは「もうカウンセリングなんて絶対受けたくない」「カウンセリングを受けて、かえってわけがわからなくなりました」「カウンセラーから、私は異常人格者のように扱われ、とても不愉快でした」といったものです。

カウンセラーが自分の偏りに気づき、それを克服しながら、児童生徒や学生、保護者の内的世界に「寄り添う」にはどうするか、本章はこの問題に迫ります。

『自己分析』（カレン・ホルネイ著、霜田静志・國分康孝訳　誠信書房、一九六一年）、『自己分析を語る』（霜田静志・國分康孝編著　誠信書房、一九七一年）はこの点でたいへん参考になる書籍です。

(1) カウンセラーの自己理解──自分の偏り──

國分久子は自己理解のための教育分析の必要性について『構成的グループ・エンカウンターと教育分析』（國分康孝・國分久子・片野智治編著）で、次のように強調しています。

●教職歴が長いだけではベテランとはいえない。

自分の行動パターンに気づかないまま、百年一日のごとく過ごしている教師はベテランではない。例えば、手ごわい子どもは叱らず、従順な子どもを叱る傾向、自慢話や前置きに時間をかける傾向など。ベテランとは、状況に応じて自由に動ける人である。つまり、マニュアル化人間ではない。ステレオタイプ人間ではないという意味である。

●教育の知識や指導法を知っていても、いまいち自由に動けない人がいる。それは自由を妨げるものが、心の中にあるからである。

コンプレックス、防衛機制、ある発達段階への定着、人格構造の偏り（例えば、超自我過多、幼児性、エス過剰など）に自我が振り回されているときがそれである。

さらに、國分久子は精神分析の観点から教育分析をするときのフレームを次のようにあげています。

●性格形成途上、どの発達段階に自分は定着しているのかに気づく。

●自分はどういう防衛機制を強迫的に（無差別に）用いているかに気づく。

●自分のパーソナリティは、エス、自我、超自我のバランスがどうなっているのか。いずれかに支配されていないか。

●自分にはどういうコンプレックスが、どういう状況のときに、どういう形で、表出する傾向があるか。例えば、エディプス・コンプレックス、ダイアナ・コンプレックス、カイン・コンプレックス、ナーシシズム、劣等コンプレックスなど、自分が振り回されがちなコンプレックスはどれか。どういう状況のときに、どういう形で表出するのかに気づくことである。

気づくと抑制（セルフ・コントロール）しやすくなるので、意に反した言動をとらないですみます。

構成的グループエンカウンター（SGE）とナーシシズムと劣等コンプレックス

私にとって、SGEとナーシシズムは自己分析の主たるテーマでした。ナーシシズムは、自己中心性（世界は自分のためのものと思っている）、万能感（世の中は自分の思うとおりになる）、うぬぼれ（自分ほどえらい人間はいない）が合体した心理的傾向のことです。

宿泊制SGE体験コースのエクササイズ「墓碑銘」の中で、私は「ナーシシズムの強い男の墓」という墓碑銘にしました。私は、ナーシシズムの強いほうです。また、一方で、小さいころからの吃音は、私の中に劣等コンプレックスを形成していました。

「彼（筆者）の吃りは幼少期に甘えたくても甘えられなかった体験に由来するのではないかと思われる。幼児は親にペチャクチャと話し、甘えるのであるが、ユーモア（筆者のペンネーム）はそういう環境に恵まれなかったようである」（國分久子）

吃音で困ったことがあります。この場面、この瞬間に使いたい言葉が出てこないのです。代わりの言葉を探さねばならなくなります。心中焦っているのです。一方、話し中に間（ま）が生まれます。この間は、意図的なものではありません。

ところが、ある老博士から「あなたの間のとり方は独特なものがありますね。どこでどのように習ったのですか」と、ほめられた経験があります。私は苦笑せずにはおれませんでした。

このように、ナーシシズムの強い男が一方で劣等コンプレックスを抱えながら生きてこられたのは、両者が程良く相互作用したからだと推論します。

カウンセラーの自己理解に有用な方法

カウンセラーの自己理解に有用な方法について言及します。結論からいいますと、宿泊制の構成的グループエンカウンターを数回体験すると、自己理解が深まります。

國分久子は『構成的グループ・エンカウンターと教育分析』（第1章第2節6～21頁）の中で以下のように教示しています。

精神分析の教育分析では、因果関係（過去の体験と今の行動との因果関係重視）への洞察が中心です。

●感情体験を伴った気づきが体験しやすい

精神分析から発展したパールズのゲシュタルト療法では、解釈を与えずにエクササイズを与えます。SGEでゲシュタルト療法のエクササイズを体験することで、感情を伴った洞察が生まれます。

●SGEでは幅の広い人間関係体験ができる

精神分析の幼少期の親子関係以上の幅の広さで教育分析が可能になります。

●SGEでは、今ここでの感情への気づき、その感情をきっかけとした行動パターンへの気づき、その行動パターンの意味への気づきが可能になります。

例示しましょう。

ある30代後半の男性メンバー（ペンネーム海）が父親ぐらいの年格好のメンバー（ペンネーム空）に対して、ものの言い方が、かなり挑戦的でした。

リーダーは「ひやひやしたなぁ……。あなたの言い方、もう少しマイルドにならないものかなぁ……!?　空（ペンネーム）との間で、不愉快な出来事でもあったのかなぁ？　空は、海の発言を聞いていて、どんな気持ちでしたか」と介入しました。

空は「意味不明の感情をぶつけられているようで、ハラハラしてきて、理不尽だなぁと感じました」。メンバー海は、感情転移を空に対して起こしていたのです。

●模倣による教育分析

「伝統的教育分析では、クライエントが分析者の態度や思考を模倣して、自分の態度や思考を変容させることがある」と言われます。筆者は、國分両先生と宿泊制SGEを長く主催してきました。

「門前の小僧習わぬ経を読む」のごとく、自己開示の姿勢、対決への勇気、問題解決の手際、創造的なリフレーミング等々を学習してきました。

●シェアリングによる教育分析

シェアリングではメンバー個々の気づきが促進されます。仲間からの正直な感情のフィードバックを聞いて、自分の長所や問題点・改善点が見いだされます。例えば、「意外と私は感情表現が豊かである」「知らず知らずのうちに、職場を離れたパーソナルな関係でも、私の言動は管理職風になっていました」「私は頼りがいがあるらしい」など。

(2) 寄り添って引き出す対話の技術

「寄り添う」は、援助者が、相手の内的世界に潜入すること「being-in（oneness)」をいいます。自分の価値観や役割意識、評価的態度等を一時的に脇に置いて、無の境地で相手の内的世界を漂うことをいいます。自分の偏りに気づいていないと困難になります。

何に寄り添うか。児童生徒の感情・思考・行動に寄り添います。漂いながら「問いかける」のです。「教えて……」「先生は知りたいなぁ……」と。

このような援助者の意図を子どもは無意識のうちに肌で敏感に感じとります。生きものの防衛意識です。この先生は「何をしようとしているのだろう?」「話を聞いて、それからどうするのだろう?」「話したことがきっかけで、何か悪いこと（自分にとって不利益になるようなこと）が起こらないのだろうか……?」といったことを肌で感じとるという意味です。

安全かつ安心感（危機意識や怖れ)、好意性（悪意性）を感じとるという意味です。

それゆえに、援助者はただひたすらに無条件の肯定的・積極的関心（ロジャーズ）を言語的または非言語的に示す必要があります。

寄り添って引き出す対話の技術について

●うなずき、あいづち、「それで（それから……）」といった促す技術

うなずき「ん」を多用しない。相手が年長のときには用いない。聞き苦しい。

話し手に確信を与える（聞いてくれているという確信）。

話し手が調子（リズム）をとれる。

聴き手の目線や表情（非言語的表現）、動作やジェスチャーが強化になる。これらを三見の大事という。授乳時の母親から既に学習しているので、ラポールづくりに効果的。

●話の腰を折らない、話題を変えない、話をとらない。これらをすると被援助者を無視し、主客が入れ替わってしまう。

●言いにくいことを言いだす前の一言

（例）「悪いねぇ」「失礼ですけど」「すみませんねぇ」「ごめんなさいねぇ」など。

相手の心の準備（レディネス）になる。

意表を突かない、突っ込みにならないようにする。

●八方美人外交はやめましょう（失愛恐怖）。

スタンド・アローンは気概のある行動。

Lonely（独りでさみしいという感情が伴う）

Alone（さみしいという感情を意味しない）

自己主張しない人（look like a door-mat：ドアマットのようだ）

●沈黙の活用

沈黙自体を話題にすること。

（例）「ごめんなさい、私って、沈黙が苦手なのですよ」

「何を考えて（思って）いらしたのですか……」

●ストレートな実感（感情）の表現

感情表現の上手な人と感情に巻き込まれている人とはまるで違う。

（例）「素敵だなぁ」「ハッピーです」「つらいなぁ」「切ないねぇ」など。

●さりげない自己開示

自己開示への抵抗・防衛を除去する。

（例）恥ずかしかったこと、懐かしかったこと、しんどかったこと、

悲しかったこと、楽しかったこと、好むことと好まないこと

（留意点）度の過ぎた開示は相手に戸惑いと困惑を引き起こす。
自分から遠くならない、相手から遠くならない。

(3) 寄り添って引き出すカウンセリングの技術

カウンセリングという言葉の原義は、「相談」「勧める」「忠告」「協議」というようなものです。学校教育領域や職業領域でカウンセリングを一般的に用いるときには、被援助者側（児童生徒、学生、保護者……クライエント）からいえば、「話を聞いてもらう」「教えてもらう」「相談にのってもらう」という表現が適切です。

「カウンセリングを受けたら」という勧め方は治療的意味合いになります。精神面での治療的な意味合いを払拭することはとても重要です。さらに、カウンセラーはクライエント側のカウンセリングへの抵抗を意識して、それを払拭・除去するような立ち居振る舞いが必要です。これが可能になるのも自己分析の結果です。

寄り添って引き出すカウンセリング技術について

●キーワードの単純な繰り返し
傾聴してくれている実感が起こる。
話している内容について確認できる、核心について相互確認できる。

●シンプルな要約
一連の内容について確認できる、広げられる、深められる。
(例)「一言でいうと（まとめると）……」

●シンプルな確認
言い淀む心情をくみとる、傾聴されているという実感が起こる。
(例)「……と言いたいのですか（と言いたいのね）」

●ストレートな支持
支持者を得て安心、気持ちが安定。
(例)「いいなぁ（いいよぉ）、それ……」「感心だね」「グッドだね」
カウンセラー側が支持しかねるとき。
(例)「そういうものですかねぇ？」

●ストレートな感情（実感）の表現

気持ちが通じた、気持ちをわかってもらえたという実感が起こる。

（例）「素敵だなぁ」「ハッピーです」「つらいなぁ」

●シンプルな質問

教えてほしいことを最初に伝える。

（例）「教えて」

（例）「○月○日午前10時に△△に集合することになっているけどさぁ。△△にどうやって行くのかなぁ？」（前置き不要）

（例）「教えてください。△△へどのように行くのか？」（シンプル）

●行間を読む

察知したことをさりげなく口にする。

（例）相手のけげんな表情の意味↓「不可解な感じですか……」

（例）突然押し黙ってしまった↓「言いにくいことでも……」

（例）時間を気にしている↓「予定でもあるのですか……」

（留意点）意表をつかれると抵抗（戸惑い、洞察不足）が起こる。

●問題把握

行動パターン、その意味、その原因について推論する。

（留意点）レディネスになる一言を前に添える。

精神分析的カウンセリング

これらのカウンセリング技術は、國分康孝の「コーヒーカップ方式モデル」をベースにしたものです。私は、精神分析理論の性格形成論を根幹において、精神分析的カウンセリングを常用しています。

精神分析的カウンセリングでは、クライエント自身が自分の行動パターン、その意味、その原因について自己理解することをカウンセラーが援助します。

精神分析的カウンセリングは、クライエントの中の何がその行動（反応）を突き動かしているのかについて、「洞察」という共同作業をしていくことが要になります。

〔洞察の観点〕

●リビドー発達的見地

「生のエネルギー」がそれぞれの発達段階の過程でどのように満たされてきたか、その満たされ具合を洞察します。

満たされ方のプロセスが性格形成に影響すると考えるわけです。

（例）わがままな人

泣きさえすれば授乳されたという体験の連続が、わがままな行動パターンを形成した原因になります。つまりわがままという行動パターンは相手や周囲の意に反して、無理なことでも自分がしたいようにするという自己中心性を意味し、生のエネルギーが口唇に固着している（口唇期性格）と解釈します。

●力動的見地（防衛機制、適応機制）

周囲に対してどう反応するか、その反応の仕方が性格形成に影響するという考え方です。

（例）合理化

これは自己弁護の心理のことで、自分が不利な立場に立ったときには、いつでも自他に対して正当化してしまう心理のことです。防衛の仕方が一〇以上挙がっています。不必要な状況でもこれらの防衛機制（適応機制）をする人は心理的に不健全な人といえます。

●局所的見地（性格構造論）

性格構造を平面図的に考察した考え方です。超自我と自我、エスの三層構造になります。

（例）四角四面の人……超自我が厳しすぎる人。

（例）ギブ・アンド・テイクのできない人、現実検討能力の乏しい人……エゴが未熟。

（例）生気の乏しい人……エス不足。

精神分析では、現実原則に従いつつ、快楽原則を満たせる人を心理的に健康な人と考えています。

●コンプレックス

これは心のしこり（偏癖）というものです。

よくあるのがエディプス・コンプレックスで、異性親に愛着をもつ心理のことです。

ナーシシズム（幼児性）は、自己中心性と万能感、うぬぼれの三つが合体した心性をいいます。


以上、精神分析的カウンセリングについて言及しました。

これに興味のある方は『カウンセリングと精神分析』（國分康孝著、誠信書房、一九八二年）の熟読を勧めます。

(4) スーパービジョン　―シェアリングとピアグループ―

学校教育現場では、新米の教師が、ベテランの教師について手取り足取りで、授業の仕方について指導を受けています。

これをカウンセリングの言葉でいうと、スーパービジョン（SV）といいます。

その目的は、スーパーバイジー（新米カウンセラー）の「リレーション形成」、「問題把握（アセスメント）」、「介入の仕方」について指導と監督をするところにあります。

私は「シェアリング方式グループ・スーパービジョン」の実践と普及を心がけています。本方式の特徴はピアグループ（仲間グループ）のシェアリングにあります。ピアグループはスーパービジョンをしません。

自己開示的な情報提供、例えば、「以前私も似たようなケースを担当しました。そのとき、○○検査を活用しましたね」など。バイジーの感情を共有するようなかかわり、例えば「あなたの苦境を察しますよ。弱気にならないでほしい」などを主眼にしてサポートします（情緒的サポート、情報的サポート）。

シェアリング方式グループ・スーパービジョンの展開について

①バイジーがSVをしてほしいことについて説明します。
②ピアグループのシェアリング。
③実際のSV。
バイザーはピアグループの資源を活用します（シェアリング内容）。
④ポスト・シェアリング。
SVを観ていて感じたこと気づいたことをシェアする。

（留意点）SVの続きをしない。

バイジー自身がSVをしてもらって感じたこと気づいたことを自己開示します。

（例）「重圧感が少なくなりました」「もう少しかかわれそうだという気持ちになれました」「うっ屈していた気持ちをわかってもらえてうれしかったです」

2種類の振り返りシート

以下にシェアリング方式グループ・スーパービジョンで活用できる2種の振り返りシートを紹介します。

これらは「仲間同士」がよりよいSVを目指していることを前提としています。バイザーひとりの資源は乏しいものです。だからといって、ピアグループが多数でSVをするようになりますと（グループ・スーパービジョン）、バイジーは心理的に苦しくなります。ピア・グループは間接的に資源を提供すると同時に、ひとりのバイザーを補強することになります。多くの場合、SVを受けると、バイジーの気持ちは落ち込み、気持ちが萎えてしまうのがしばしばです。これを予防し、本方式はバイジーがより前向きな気持ちになれるようにしたいという側面と、より多くのカウンセラーにSVになじんでもらう側面と、バイザーを育てる側面と、３側面を有しているのが特徴です。

振り返りシート

シェアリング場面のピアグループについて

シェアリング場面（ポストシェアリングも含む）のピアグループについて、あなたが感じたままに答えてください。回答に良い悪いはありません。

あてはまるところに○印をつけてください。（回答……６件法）

・サポーティブな感じがした

・評価的な感じがした
・押しつけがましいという感じがした
・文殊の知恵を出し合うという感じがした
・お互いが自己開示的だった
・バイジーの感情に対して理解的だった
・バイジーの仲間という感じがした

振り返りシート

スーパービジョンそれ自体について

30分のスーパービジョンそれ自体（バイザーとバイジーとのやりとり）について、あなたが感じたとおりに答えてください。回答によい悪いはありません。

あてはまるところに○印をつけてください。（回答……6件法）

・ピアグループの資源を活用した
・バイザーは押しつけがましかった
・バイザーの示唆・アドバイスが的確だった

・質問技法や強化法が用いられていた
・バイジーを突き放すような感じがした
・バイジーの身になっていた
・行動パターン（傾向）への気づきを促した
・即戦力になる方法を提示していた
・バイジーが防衛的になっている感じがした
・自分では気づかなかった点への気づきを促した
・バイジーが励まされている感じがした
・提示された方法には学問的背景があった（または実践的知見の背景）

(5) コンサルテーション

ガイダンスカウンセラーの主要な任務のひとつに学校管理者ほかへのコンサルテーションがあります。これは、「助言」「情報提供」という意味です。これをするときの留意点を述べます。

・約束の時間内ですること

・知ったかぶりや講釈をしないこと
・いんぎん無礼にならないこと
・多弁・冗漫・饒舌にならないこと
・権限と責任のある役割関係の域を出ないこと（例　守秘義務）
・管理者の体験的感情に寄り添うこと

＊教師のためのエンカウンター入門（図書文化）片野智治　2009年
＊Ⅳ他人と人間的世界（知覚の現象学　法政大学出版局所収 p. 565－599）
M. メルロ・ポンティ著　中島盛夫訳　2009年

第８章　カウンセラーの自己理解と基礎的な援助技術

＊大学生の人間関係開発のプログラムとその効果に関するパイロット・スタディ（相談学研究　第12巻　p74－84）國分康孝・菅沼憲治　1979年
＊エンカウンター（誠信書房）國分康孝　1981年
＊自分でできるくよくよ悩み解消法（日本文化科学社）生月誠　1990年
＊最新心理テスト法入門―基礎知識と技法習得のために―（日本文化科学社）松原達哉編著　1995年
＊共感性と自己愛傾向の関連（心理臨床学研究　第16巻　p129－137）角田豊　1998年
＊構成的グループエンカウンターにおける抵抗の検討―抵抗の種類と属性との関係―（カウンセリング研究　第32巻　p14－23）片野智治・國分康孝　1999年
＊子どもの成長　教師の成長（東京大学出版会）近藤邦夫・岡村達也・保坂亨編　2000年
＊来談行動の規定因（風間書房）福原真知子　2002年
＊教育という文化（岩波書店）J.S.ブルーナー著　岡本夏木・池上貴美子・岡村佳子訳　2004年
＊構成的グループ・エンカウンター（駿河台出版）片野智治　2003年
＊構成的グループエンカウンター事典（図書文化）國分康孝・國分久子総編集　片野智治編集代表ほか　2004年
＊現象学は＜思考の原理＞である（ちくま新書）竹田青嗣　2004年
＊教師の仕事とは何か（北大路書房）秋山弥監修・作田良三他編　2006年
＊構成的グループ・エンカウンターと教育分析（誠信書房）國分康孝・國分久子・片野智治　2006年
＊人間科学における個別性と一般性―人間の基盤を求めて―（ナカニシヤ出版）酒木保編　2007年
＊構成的グループエンカウンター研究（図書文化）片野智治　2007年

第７章　学級運営に生かすガイダンスカウンセリング
＊思いやりの人間関係スキル：一人でできるトレーニング（誠信書房）R.ネルソン・ジョーンズ著　相川充訳　1993年
＊*Being-in, Being-for, Being-with.*（Jason Aronson INC.）Moustakas, C. E. 1995.
＊生徒の教師認知における心理的距離に関する実証的研究（風間書房）山口正二　1995年
＊個人志向性・社会志向性からみた人格形成に関する一研究（北大路書房）伊藤美奈子　1997年
＊子どものやる気と社会性（風間書房）桜井茂男　1999年
＊学校現場で使えるカウンセリング・テクニック（誠信書房）諸富祥彦 1999年
＊自己評価の心理学（紀伊國屋書店）クリストフ・アンドレ&フランソワ・ルロール著　高野優訳　2000年
＊教師だからできる５分間カウンセリング（学陽書房）吉本武史編著 2000年
＊子どもの成長　教師の成長（東京大学出版会）近藤邦夫・岡村達也・保坂亨編　2000年
＊教師たちの挑戦（小学館）佐藤学　2003年
＊教育という文化（岩波書店）J. S. ブルーナー著　岡本夏木・池上貴美子・岡村佳子訳　2004年
＊居場所づくりを支援する（NTS 教育研究所）松田孝志　2008年
＊小学生に対する防災教育が保護者の防災行動に及ぼす影響―子どもの感情や認知の変化に注目して（教育心理学研究　第58巻　p480－490）豊沢純子他　2010年

＊ワークライフバランス—考え方と導入法—（日本能率協会マネジメントセンター）小室淑恵　2007年
＊人を育てる中小企業（全国労働基準関係団体連合会）木村周他　2007年
＊高校生の職業観の構造と形成要因—職業モデルとの関連を中心に—（キャリア教育研究　第26巻　p57－67）松本浩司　2008年
＊進路選択自己効力に関する研究の現状と課題（キャリア教育研究　第25巻　p97－111）富永美佐子　2008年
＊進路選択過程に対する自己効力の因子構造と代理体験の効果の検討（キャリア教育研究　第25巻　p77－88）辻川典文　2008年
＊進路意思決定における認知・感情過程—高校から大学への追調査に基づく検討—（キャリア教育研究　第26巻　p３－30）楠見孝他　2008年
＊18歳からのキャリアプランニング（北大路書房）大久保功・石田坦・西田治子　2007年
＊事例で読む生き方を支える進路相談—教師だからできるキャリアカウンセリング—（図書文化）飯野哲朗　2009年
＊キャリア探索尺度の再検討（心理学研究　第81巻　p132－139）安達智子　2010年
＊キャリア教育における心理教育的アプローチによるプログラムの検討（学校教育相談研究　第20号　p４－14）井島由佳　2010年
＊高校生の進路選択の構造—進路選択能力，進路選択自己効力，進路選択行動の関連—（キャリア教育研究　第２巻　p35－45）富永美佐子　2010年
＊就活のまえに—良い仕事、良い職場とは？—（筑摩書房）中沢孝夫　2010年
＊就活生のための作文・プレゼン術（ちくま新書）小笠原喜康　2010年
＊就職とは何か—＜まともな働き方＞の条件—（岩波新書）森岡孝二　2011年

予防といった視点から―（教育心理学研究　第54巻　p124－134）三浦正江　2006年
＊よりよい人間関係を築く特別活動（図書文化）杉田洋　2009年
＊ルールを守れない子の心理と対応「児童心理 No. 896 - 特集ルールとマナーの教育　p32－37　所収」（金子書房）井原成男　2009年
＊学校の荒れの収束過程と生徒指導の変化―二者関係から三者関係に基づく指導へ―（教育心理学研究　第57巻　p466－477）加藤弘通・大久保智生　2009年
＊自尊感情の３様態―自尊源の随伴性と充足感からの整理―（心理学研究　第81巻　p560－568）伊藤正哉他　2011年

第６章　キャリア教育におけるガイダンスカウンセリング
＊職業的発達の概念と測定（雇用問題研究会）山下恒男・道脇正夫・松本純平訳　1972・73年
＊進路指導論（福村出版）仙崎武・野々村新・渡辺三枝子編著　1991年
＊受験生こころの参考書（曜曜社出版）早川東作他監修・執筆　1992年
＊キャリア・カウンセリング（雇用問題研究会）木村周　1997年
＊進路指導と育てるカウンセリング（図書文化）國分康孝編集代表　木村周・諸富祥彦・田島聡編　1998年
＊仕事が人をつくる（岩波新書）小関智弘　2001年
＊キャリアの教科書（PHP 研究所）佐々木直彦　2003年
＊若者はなぜ「決められない」か（ちくま新書）長山靖生　2003年
＊はじめる小学校キャリア教育（実業之日本社）三村隆男編　2004年
＊仕事力（朝日新聞社）朝日新聞社広告局編著　2005年
＊働くということ―グローバル化と労働の新しい意味―（中公新書）ロナルド・ドーア著　石塚雅彦訳　2005年
＊若者はなぜ３年で辞めるのか？（光文社新書）城繁幸　2006年

＊社会的出会いの心理学（川島書店）菊池章夫　1993年
＊日本の教師文化（東京大学出版会）稲垣忠彦・久富善之編　1994年
＊児童・生徒の攻撃性（思春期青年期精神医学　第８巻　p124－149）松田文雄・秋山るみ子・小倉清　1998年
＊中学校におけるいじめ被害者および加害者の心理的ストレス（教育心理学研究　第48巻　p410－421）岡安孝弘・高山巌　2000年
＊エンカウンターとは何か（図書文化社）國分康孝他著　2000年
＊いじめと仲間体験（思春期青年期精神医学　第11巻　p99－122）田中究・斎藤万比古・山登敬之　2001年
＊エンカウンターで進路指導が変わる（図書文化社）片野智治編集代表　2001年
＊構成的グループ・エンカウンターの原理と進め方（誠信書房）國分康孝・片野智治著　2001年
＊中学校教師の被援助的志向性と自尊感情との関連（教育心理学研究　第50巻　p291－300）田村修一・石隈利紀　2002年
＊自己愛傾向によって青年を分類する試み―対人関係と適応、友人によるイメージ評定からみた特徴―（教育心理学研究　第50巻　p261－270）小塩真司　2002年
＊中学生におけるいじめ停止に関する要因といじめ加害者への対応（教育心理学研究　第51巻　p390－400）本間友巳　2003年
＊いじめ（NPO 教育カウンセラー協会編　教育カウンセラー標準テキスト初級編　図書文化所収　p173－183）松尾直博　2004年
＊社会性と個性を育てる毎日の生徒指導（図書文化社）犬塚文雄編　2006年
＊新生徒指導ガイド―開発・予防・解決的な教育モデルによる発達援助―（図書文化）八並光俊・國分康孝編　2008年
＊中学校におけるストレスチェックリストの活用と効果の検討―不登校の

恵　2002年
＊教師たちの挑戦（小学館）佐藤学　2003年
＊小・中学生における学習の有効性認知と学習意欲の関連（教育心理学研究　第52巻　p219－230）若松養亮他　2004年
＊学びを引き出す学習評価（図書文化）北尾倫彦編　2006年
＊授業改革の方法（ナカニシヤ出版）市川千秋監修　宇田光・山口豊一・西口利文編集　2007年
＊大学生における「学業に対するリアリティ・ショック」尺度の作成（キャリア教育研究　第25巻　p15－24）半澤礼之　2007年
＊授業研究法入門（図書文化）河野義章　2009年
＊科学的根拠で示す学習意欲を高める12の方法（図書文化）辰野千壽　2009年
＊英単語学習方略が英語の文法・語法上のエラー生起に与える影響の検討（教育心理学研究　第57巻　p73－85）小山義徳　2009年
＊文章理解を補助する図解における図的要素全体提示の重要性（心理学研究　第81巻　p１－８）鈴木明夫・粟津俊二　2010年
＊道徳教育はホントに道徳的か？―「生きづらさ」の背景を探る―（日本図書センター）松下良平　2011年
＊書くことが思いつかない人のための文章教室（幻冬社新書）近藤勝重　2011年

第５章　生徒指導に生かすガイダンスカウンセリング

＊問題の子ども（黎明書房）A.S.ニイル著　霜田静志訳　1967年
＊思いやりを科学する―向社会的行動の心理とスキル―（川島書店）菊池章夫　1988年
＊思いやりの人間関係スキル――人でできるトレーニング―（誠信書房）R・ネルソン・ジョーンズ著　相川充訳　1993年

第３章　ガイダンスカウンセリングと心理療法の異同
＊カウンセリングＱ＆Ａ　１（誠信書房）國分康孝・國分久子共著　1984年
＊カウンセリングＱ＆Ａ　２（誠信書房）國分康孝・國分久子共著　1985年
＊カウンセリングＱ＆Ａ　３（誠信書房）國分康孝・國分久子共著　1987年
＊カウンセリング心理学入門（PHR 新書）國分康孝　1998年
＊スクールカウンセリング・スタンダード（図書文化）C.キャンベル，C.ダヒア著　中野良顯訳　2000年
＊カウンセリングと心理療法―実践のための新しい概念―「ロジャーズ主要著作集１」（岩崎学術出版社）C.R.ロジャーズ著　末武康弘・保坂亨・諸富祥彦共訳　2005年

第４章　教科指導に生かすガイダンスカウンセリング
＊人格形成機能を高める教科構成論の研究（風間書房）土井捷三　1993年
＊子どもが生きている授業（北大路書房）吉川成司・木村健一郎・原田信之編著　1994年
＊質的研究法による授業研究（北大路書房）平山満義　1997年
＊子どものやる気と社会性（風間書房）桜井茂男　1999年
＊認知心理学からみた授業過程の理解（北大路書房）多鹿秀継　1999年
＊「学び」から逃走する子どもたち（岩波ブックレット No.524）佐藤学　2000年
＊授業に生かすカウンセリング（誠信書房）國分康孝・大友秀人　2001年
＊子どもの心を育てる「ひとこと探し」（ほんの森出版）菅野純　2002年
＊じょうずな勉強法（北大路書房）麻柄啓一　2002年
＊高校生の学習観の構造（教育心理学研究　第50巻　p301－310）植木理

（岩波ブックレット　No. 759）土井隆義　2009年
＊他人と人間的世界（知覚の現象学　法政大学出版局所収　p565〜599）
M. メルロ＝ポンティ著　中島盛夫訳　2009年

第２章　だれもが一時的にかかえる発達上の課題

＊職業選択の理論（雇用問題研究会）J. L. ホランド著　渡辺三枝子・松本純平・館暁夫共訳　1990年
＊キャリア・ダイナミクス（白桃書房）シャイン，E. H. 著　二村敏子・三善勝代訳　1991年
＊エンカウンターで進路指導が変わる（図書文化）片野智治編集代表　2001年
＊キャリア・カウンセリング改訂新版（雇用問題研究会）木村周　2004年
＊その幸運は偶然ではないんです（ダイヤモンド社）J. D. クルンボルツ＆A. S. レビン著　花田光世・大木紀子・宮地友起子訳　2005年
＊ヒューマン・ディベロップメント（ナカニシヤ出版）青柳肇・野田満編　2007年
＊高校生・大学生の友人関係における状況に応じた切替え―心理的ストレス反応との関連にも注目して―（教育心理学研究　55巻　p480－490）大谷宗啓　2007年
＊親密な友人関係の形成・維持過程の動機づけモデルの構築（教育心理学研究　56巻　p575－588）岡田涼　2008年
＊青年期後期におけるコミュニケーションに対する自信とアイデンティティとの関連（教育心理学研究　第58巻　p401－413）畑野快　2010年
＊想像するちから―チンパンジーが教えてくれた人間の心―（岩波書店）松沢哲郎　2011年

引用・参考文献

第１章　今日的な教育課題

＊青年におけるナルシシズム（自己愛）的傾向に関する実証的研究（１）（総合保健科学　第１巻　p51－61）宮下一博・上地雄一郎　1985年

＊中学生の学校ストレッサー評価とストレス反応との関係（心理学研究　第63巻　p310－318）岡安孝弘・嶋田洋徳・丹羽洋子・森俊夫・矢富直美　1992年

＊児童の心理的学校ストレスとストレス反応の関連（日本行動療法学会第５回大会発表論文集　p56－57）嶋田洋徳・岡安崇孝弘・浅井邦二・坂野雄二　1992年

＊自己―対象関係尺度作成の試み―女子青年を対象とした予備的調査―（カウンセリング研究　第26巻　p38－44）緒賀聡　1993年

＊自己対象体験尺度作成に関する基礎的研究―質問項目の妥当性の検当―（岐阜大学教育学部　人文科学　第50号　p125－132）緒賀聡　2001年

＊Kohut の自己心理学に関する実証的研究の動向と今後の課題（東京成徳大学臨床心理学研究　第４号　p３－10）小林卓也　2004年

＊「個性」を煽られる子どもたち―親密圏の変容を考える―（岩波ブックレット　No. 633）土井隆義　2004年

＊現象学は＜思考の原理＞である（ちくま新書）竹田青嗣　2004年

＊自己対象体験と対人関係のあり方との関連―大学生を対象として―（東京成徳大学臨床心理学研究　第５号　p３－10）小林卓也　2005年

＊自己愛型社会（平凡社新書）岡田尊司　2005年

＊友だち地獄―「空気を読む」世代のサバイバル―（ちくま新書）土井隆義　2008年

＊キャラ化する／される子どもたち―排除型社会における新たな人間像―

《監修者》

國分康孝　こくぶ・やすたか

東京成徳大学名誉教授。日本教育カウンセラー協会会長。東京教育大学，同大学院を経てミシガン州立大学大学院カウンセリング心理学専攻博士課程修了。PhD。ライフワークは折衷主義，論理療法，構成的グループエンカウンター，サイコエジュケーション，教育カウンセラーの育成。著書多数。

國分久子　こくぶ・ひさこ

青森明の星短期大学客員教授。日本教育カウンセラー協会理事。関西学院大学でソーシャルワークを専攻したのち，霜田静志に精神分析的教育分析を受ける。その後，アメリカで児童心理療法とカウンセリングを学び，ミシガン州立大学大学院から修士号を取得。M.A.。論理療法のエリスと実存主義的心理学者のムスターカスに師事した。著書多数。

《著者》

片野智治　かたの・ちはる

1943年生まれ。私立武南高等学校に勤務しながら，1991年筑波大学大学院教育研究科（カウンセリング専攻）修了。その後，東京成徳大学大学院博士課程修了。博士（心理学）。東京理科大学，埼玉県立大学の兼任講師を経て，現在は跡見学園女子大学教授。NPO 日本教育カウンセラー協会副会長。著書に『教師のためのエンカウンター入門』『構成的グループエンカウンター研究』図書文化社，『構成的グループ・エンカウンター』駿河台出版，『構成的グループ・エンカウンターの原理と進め方』（共著），『構成的グループ・エンカウンターと教育分析』（共著）以上誠信書房，ほか多数。

ガイダンスカウンセリング

2013年5月1日　初版第1刷発行［検印省略］

監修者　國分康孝・國分久子
著　者　片野智治©
発行者　村主典英
発行所　株式会社　**図書文化社**
〒112-0012　東京都文京区大塚1-4-15
Tel. 03-3943-2511　Fax. 03-3943-2519
振替　00160-7-67697
http://www.toshobunka.co.jp/
印刷所　株式会社　加藤文明社印刷所
製本所　株式会社　村上製本所
装　幀　AtelierZ 高橋文雄

ISBN978-4-8100-3627-5　C3037
乱丁・落丁本の場合はお取り替えいたします。
定価はカバーに表示してあります。